建筑与市政工程施工现场专业人员职业标准培训教材

资料员核心考点模拟与解析

建筑与市政工程施工现场专业人员职业标准培训教材编委会　编写

中国建筑工业出版社

图书在版编目（CIP）数据

资料员核心考点模拟与解析／建筑与市政工程施工现场专业人员职业标准培训教材编委会编写. — 北京：中国建筑工业出版社，2023.6（2024.3重印）

建筑与市政工程施工现场专业人员职业标准培训教材

ISBN 978-7-112-28642-3

Ⅰ. ①资… Ⅱ. ①建… Ⅲ. ①建筑工程－技术档案－档案管理－职业培训－教材 Ⅳ. ①G275.3

中国国家版本馆 CIP 数据核字（2023）第 069440 号

责任编辑：葛又畅　李　杰　李　慧
责任校对：张　颖

建筑与市政工程施工现场专业人员职业标准培训教材
资料员核心考点模拟与解析
建筑与市政工程施工现场专业人员职业标准培训教材编委会　编写

*

中国建筑工业出版社出版、发行（北京海淀三里河路 9 号）
各地新华书店、建筑书店经销
北京红光制版公司制版
廊坊市海涛印刷有限公司印刷

*

开本：787 毫米×1092 毫米　1/16　印张：10¾　字数：262 千字
2023 年 6 月第一版　　2024 年 3 月第二次印刷
定价：**45.00** 元
ISBN 978-7-112-28642-3
（41105）

编　委　会

前　言

　　为落实住房和城乡建设部发布的行业标准《建筑与市政工程施工现场专业人员职业标准》JGJ/T 250，进一步规范建设行业施工现场专业人员职业培训工作，贴合培训测试需求，本书以《资料员通用与基础知识（第三版）》《资料员岗位知识与专业技能（第三版）》为蓝本，依据职业标准相配套的考核评价大纲，总结提取教材中的核心考点，指导考生学习与复习；并结合往年考试中的难点和易错考点，配以相应的测试题，增强考生对知识点的理解，提升其应试能力。

　　本书分上下两篇，上篇为《通用与基础知识》，下篇为《岗位知识与专业技能》，所有章节名称与《资料员通用与基础知识（第三版）》《资料员岗位知识与专业技能（第三版）》相对应，本书的知识点均标注了第三版教材中的对应页码，以便考生查找，对照学习。

　　本书上篇教材点睛共 61 个考点，下篇教材点睛共 38 个考点，共计 99 个考点。全书考点分为四类，即一般考点（其后无标注），核心考点（"★"标识），易错考点（"●"标识），核心考点＋易错考点（"★●"标识）。

　　本书配套巩固练习题，题型分为判断题、单选题、多选题三类。

　　本书由高级工程师吴欣民担任主编。由于编写时间有限，书中难免存在不妥之处，敬请广大读者批评指正。

目　　录

上篇　通用与基础知识

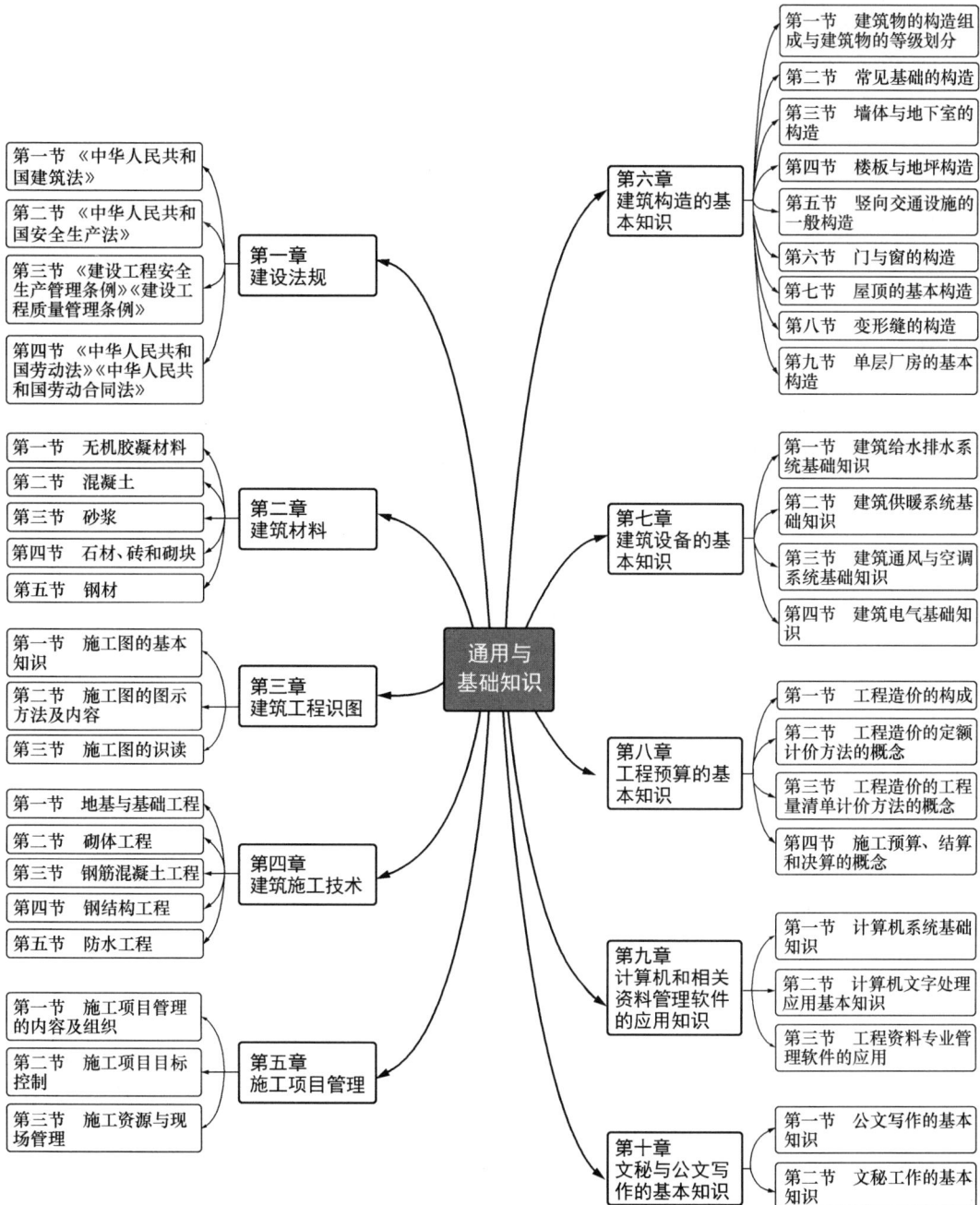

上 篇

通用与基础知识

知识点导图

第一节 《中华人民共和国建筑法》		
第二节 《中华人民共和国安全生产法》	第一章 建设法规	
第三节 《建设工程安全生产管理条例》《建设工程质量管理条例》		
第四节 《中华人民共和国劳动法》《中华人民共和国劳动合同法》		

第六章 建筑构造的基本知识	
第一节 建筑物的构造组成与建筑物的等级划分	
第二节 常见基础的构造	
第三节 墙体与地下室的构造	
第四节 楼板与地坪构造	
第五节 竖向交通设施的一般构造	
第六节 门与窗的构造	
第七节 屋顶的基本构造	
第八节 变形缝的构造	
第九节 单层厂房的基本构造	

第二章 建筑材料	
第一节 无机胶凝材料	
第二节 混凝土	
第三节 砂浆	
第四节 石材、砖和砌块	
第五节 钢材	

第七章 建筑设备的基本知识	
第一节 建筑给水排水系统基础知识	
第二节 建筑供暖系统基础知识	
第三节 建筑通风与空调系统基础知识	
第四节 建筑电气基础知识	

第三章 建筑工程识图	
第一节 施工图的基本知识	
第二节 施工图的图示方法及内容	
第三节 施工图的识读	

通用与基础知识

第八章 工程预算的基本知识	
第一节 工程造价的构成	
第二节 工程造价的定额计价方法的概念	
第三节 工程造价的工程量清单计价方法的概念	
第四节 施工预算、结算和决算的概念	

第四章 建筑施工技术	
第一节 地基与基础工程	
第二节 砌体工程	
第三节 钢筋混凝土工程	
第四节 钢结构工程	
第五节 防水工程	

第九章 计算机和相关资料管理软件的应用知识	
第一节 计算机系统基础知识	
第二节 计算机文字处理应用基本知识	
第三节 工程资料专业管理软件的应用	

第五章 施工项目管理	
第一节 施工项目管理的内容及组织	
第二节 施工项目目标控制	
第三节 施工资源与现场管理	

第十章 文秘与公文写作的基本知识	
第一节 公文写作的基本知识	
第二节 文秘工作的基本知识	

第一章 建 设 法 规

考点 1：建设法规构成概述

教材点睛 教材① P1～P2

1. 我国建设法规体系的五个层次

（1）建设法律：全国人民代表大会及其常务委员会制定通过，国家主席以主席令的形式发布。

（2）建设行政法规：国务院制定，国务院常务委员会审议通过，国务院总理以国务院令的形式发布。

（3）建设部门规章：住房和城乡建设部制定并颁布，或与国务院其他有关部门联合制定并发布。

（4）地方性建设法规：省、自治区、直辖市人民代表大会及其常委会制定颁布；本地适用。

（5）地方建设规章：省、自治区、直辖市人民政府以及省会（自治区首府）城市和经国务院批准的较大城市的人民政府制定颁布的；本地适用。

2. 建设法规体系各层次间的法律效力：上位法优先原则，依次为建设法律、建设行政法规、建设部门规章、地方性建设法规、地方建设规章。

巩固练习

1.【判断题】建设法规是指国家立法机关制定的旨在调整国家、企事业单位、社会团体、公民之间，在建设活动中发生的各种社会关系的法律法规的总称。（　）

2.【判断题】在我国的建设法规的五个层次中，法律效力的层级是上位法高于下位法，具体表现为：建设法律→建设行政法规→建设部门规章→地方性建设法规→地方建设规章。（　）

3.【单选题】以下法规属于建设行政法规的是（　　）。

A.《工程建设项目施工招标投标办法》　　B.《中华人民共和国城乡规划法》

C.《建设工程安全生产管理条例》　　D.《实施工程建设强制性标准监督规定》

4.【多选题】下列属于我国建设法规体系的是（　　）。

A. 建设行政法规　　　　　　　　　　B. 地方性建设法规

C. 建设部门规章　　　　　　　　　　D. 建设法律

E. 地方法律

【答案】1. ×；2. √；3. C；4. ABCD

---

① 本书上篇涉及的教材，指《资料员通用与基础知识（第三版）》，请读者结合学习。

第一节 《中华人民共和国建筑法》①

考点2：《建筑法》的立法目的

教材点睛 教材P2

1. 《建筑法》的立法目的：加强对建筑活动的监督管理，维护建筑市场秩序，保证建筑工程的质量和安全，促进建筑业健康发展。

2. 现行《建筑法》是2019年修订施行的。

考点3：从业资格的有关规定★●

教材点睛 教材P2~P5

法规依据：《建筑法》第12条、第13条、第14条；《建筑业企业资质标准》。

建筑业企业的资质

（1）建筑业企业资质序列：分为施工综合、施工总承包、专业承包和专业作业四个序列【详见P2~P3 表1-1】。

（2）建筑业企业资质等级：施工综合资质不分等级，施工总承包资质分为甲级、乙级两个等级，专业承包资质一般分为甲级、乙级两个等级（部分专业不分等级），专业作业资质不分等级【详见P2~P3 表1-1】。

（3）承揽业务的范围

① 施工综合企业和施工总承包企业：可以承接施工总承包工程。其中建筑工程、市政公用工程施工总承包企业承包工程范围分别【详见P3~P4 表1-2、表1-3】。

② 专业承包企业：可以承接具有施工综合资质和施工总承包资质的企业依法分包的专业工程或建设单位依法发包的专业工程。建筑工程、市政公用工程相关的专业承包企业承包工程的范围【详见P4~P5 表1-4】。

③ 专业作业企业：可以承接具有上述三个承包资质企业分包的专业作业。

巩固练习

1.【判断题】《建筑法》的立法目的在于加强对建筑活动的监督管理，维护建筑市场秩序，保证建筑工程的质量和安全，促进建筑业健康发展。　　　　　　　　（　　）

2.【判断题】地基与基础工程专业乙级承包企业可承担深度不超过24m的刚性桩复合地基处理工程的施工。　　　　　　　　　　　　　　　　　　　　　　　（　　）

3.【判断题】承包建筑工程的单位只要实际资质等级达到法律规定，即可在其资质等

---

① 以下简称《建筑法》。

级许可的业务范围内承揽工程。   （   ）

4.【判断题】专业作业企业可以承接具有施工综合、施工总承包、专业承包资质企业分包的专业作业。   （   ）

5.【单选题】下列各选项中，不属于《建筑法》规定约束的是(   )。

A. 建筑工程发包与承包   B. 建筑工程涉及的土地征用

C. 建筑安全生产管理   D. 建筑工程质量管理

6.【单选题】建筑业企业资质等级，是由(   )按资质条件把企业划分成为不同等级。

A. 国务院行政主管部门   B. 国务院资质管理部门

C. 国务院工商注册管理部门   D. 国务院

7.【单选题】按照《建筑业企业资质管理规定》，建筑业企业资质分为(   )四个序列。

A. 特级、一级、二级

B. 一级、二级、三级

C. 甲级、乙级、丙级

D. 施工综合、施工总承包、专业承包和专业作业

8.【单选题】按照《建筑法》规定，建筑业企业各资质等级标准和各类别等级资质企业承担工程的具体范围，由(   )会同国务院有关部门制定。

A. 国务院国有资产管理部门

B. 国务院建设行政主管部门

C. 该类企业工商注册地的建设行政主管部门

D. 省、自治区及直辖市建设行政主管部门

9.【单选题】以下建筑装修装饰工程的乙级专业承包企业不可以承包工程范围的是(   )。

A. 单位工程造价 3400 万元及以下建筑室内、室外装修装饰工程的施工

B. 单位工程造价 1200 万元及以下建筑室内、室外装修装饰工程的施工

C. 除建筑幕墙工程外的单位工程造价 2400 万元及以上建筑室内、室外装修装饰工程的施工

D. 单项合同额 2000 万元及以下的建筑装修装饰工程，以及与装修工程直接配套的其他工程

【答案】1. √；2. √；3. ×；4. √；5. B；6. A；7. D；8. B；9. A

考点 4：《建筑法》关于建筑安全生产管理的规定 ★●

教材点晴   教材 P5～P7

法规依据：《建筑法》第 36 条、第 38 条、第 39 条、第 41 条、第 44 条～第 48 条、第 51 条。

1. 建筑安全生产管理方针："安全第一、预防为主"。

2. 建设工程安全生产基本制度

（1）安全生产责任制度：包括企业各级领导人员的安全职责、企业各有关职能部门的安全生产职责以及施工现场管理人员与作业人员的安全职责三个方面。

（2）群防群治制度：要求建筑企业职工在施工中应当遵守有关生产的法律、法规和建筑行业安全规章、规程，不得违章作业；对于危及生命安全和身体健康的行为有权提出批评、检举和控告。

（3）安全生产教育培训制度：安全生产，人人有责。要求全员培训，未经安全生产教育培训的人员，不得上岗作业。

（4）伤亡事故处理报告制度：事故发生时及时上报，事故处理遵循"四不放过"的原则【详见 P7】。

（5）安全生产检查制度：是安全生产的保障，通过检查发现问题，查出隐患，采取有效措施，堵塞漏洞，做到防患于未然。

（6）安全责任追究制度：对于没有履行职责造成人员伤亡和事故损失的参建单位，视情节给予相应处理；情节严重的，责令停业整顿，降低资质等级或吊销资质证书；构成犯罪的，依法追究刑事责任。

巩固练习

1.【判断题】《建筑法》第 36 条规定：建筑工程安全生产管理必须坚持"安全第一、预防为主"的方针。其中"安全第一"是安全生产方针的核心。　　（　　）

2.【判断题】群防群治制度是建筑生产中最基本的安全管理制度，是所有安全规章制度的核心，是"安全第一、预防为主"方针的具体体现。　　（　　）

3.【单选题】建筑工程安全生产管理必须坚持"安全第一、预防为主"的方针。"预防为主"体现在建筑工程安全生产管理的全过程中，具体是指（　　）、事后总结。

A. 事先策划、事中控制　　　　　　　　B. 事前控制、事中防范

C. 事前防范、监督策划　　　　　　　　D. 事先策划、全过程自控

4.【单选题】以下关于建设工程安全生产基本制度的说法中，正确的是（　　）。

A. 群防群治制度是建筑生产中最基本的安全管理制度

B. 建筑施工企业应当对直接施工人员进行安全教育培训

C. 安全检查制度是安全生产的保障

D. 施工中发生事故时，建筑施工企业应当及时清理事故现场并向建设单位报告

5.【单选题】针对事故发生的原因，提出防止相同或类似事故发生的切实可行的预防措施，并督促事故发生单位加以实施，以达到事故调查和处理的最终目的。此款符合"四不放过"事故处理原则的（　　）原则。

A. 事故原因不清楚不放过

B. 事故责任者和群众没有受到教育不放过

C. 事故责任者没有处理不放过

D. 事故隐患不整改不放过

6.【单选题】建筑施工单位的安全生产责任制主要包括各级领导人员的安全职责、（　　）以及施工现场管理人员与作业人员的安全职责三个方面。

A. 项目经理部的安全管理职责

B. 企业监督管理部的安全监督职责

C. 企业各有关职能部门的安全生产职责

D. 企业各级施工管理及作业部门的安全职责

7.【单选题】按照《建筑法》的规定，鼓励企业为（　　）办理意外伤害保险，支付保险费。

A. 从事危险作业的职工　　　　　　B. 现场施工人员

C. 全体职工　　　　　　　　　　　D. 特种作业操作人员

8.【多选题】建设工程安全生产基本制度包括：安全生产责任制度、群防群治制度、（　　）等六个方面。

A. 安全生产教育培训制度　　　　　B. 伤亡事故处理报告制度

C. 安全生产检查制度　　　　　　　D. 防范监控制度

E. 安全责任追究制度

9.【多选题】在进行生产安全事故报告和调查处理时，必须坚持"四不放过"的原则，包括（　　）。

A. 事故原因不清楚不放过

B. 事故责任者和群众没有受到教育不放过

C. 事故单位未处理不放过

D. 事故责任者没有处理不放过

E. 没有制定防范措施不放过

【答案】1. ×；2. ×；3. A；4. C；5. D；6. C；7. A；8. ABCE；9. ABDE

考点5：《建筑法》关于质量管理的规定★

教材点睛　教材 P7～P8

法规依据：《建筑法》第52条、第54条、第55条、第58条～第62条。

1. 建设工程竣工验收制度：是对工程是否符合设计要求和工程质量标准所进行的检查、考核工作。建设工程竣工经验收合格后，方可交付使用；未经验收或者验收不合格的，不得交付使用。

2. 建设工程质量保修制度：在《建筑法》规定的保修期限内，因勘察、设计、施工、材料等原因造成的质量缺陷，应当由施工承包单位负责维修、返工或更换，由责任单位负责赔偿损失。其对促进建设各方加强质量管理，保护用户及消费者的合法权益，可起到重要的保障作用。

巩固练习

1.【判断题】在建设工程竣工验收后，在规定的保修期限内，因勘察、设计、施工、

材料等原因造成的质量缺陷，应当由责任单位负责维修、返工或更换。　　　　　（　　）

2.【单选题】建设工程项目的竣工验收，应当由（　　）依法组织进行。

A. 建设单位　　　　　　　　　　　B. 建设单位或有关主管部门

C. 国务院有关主管部门　　　　　　D. 施工单位

3.【单选题】在建设工程竣工验收后，在规定的保修期限内，因勘察、设计、施工、材料等原因造成的质量缺陷，应当由（　　）负责维修、返工或更换。

A. 建设单位　　　　　　　　　　　B. 监理单位

C. 责任单位　　　　　　　　　　　D. 施工承包单位

4.【单选题】根据《建筑法》的规定，以下属于保修范围的是（　　）。

A. 供热、供冷系统工程　　　　　　B. 因使用不当造成的质量缺陷

C. 因第三方造成的质量缺陷　　　　D. 不可抗力造成的质量缺陷

5.【单选题】建筑工程的质量保修的具体保修范围和最低保修期限由（　　）规定。

A. 建设单位　　　　　　　　　　　B. 国务院

C. 施工单位　　　　　　　　　　　D. 建设行政主管部门

6.【多选题】建筑工程的保修范围应当包括（　　）等。

A. 地基基础工程　　　　　　　　　B. 主体结构工程

C. 屋面防水工程　　　　　　　　　D. 电气管线

E. 使用不当造成的质量缺陷

【答案】1. ×；2. B；3. D；4. A；5. B；6. ABCD

第二节　《中华人民共和国安全生产法》①

考点6：《安全生产法》的立法目的

教材点睛　教材P8

1.《安全生产法》的立法目的：为了加强安全生产工作，防止和减少生产安全事故，保障人民群众生命和财产安全，促进经济社会持续健康发展。

2. 现行《安全生产法》是2021年修订施行的。

考点7：生产经营单位的安全生产保障的有关规定●

教材点睛　教材P8～P12

法规依据：《安全生产法》第20条～第51条。

1. 组织保障措施：建立安全生产管理机构；明确岗位责任。

2. 管理保障措施：包括人力资源管理、物力资源管理、经济保障措施、技术保障措施。

──────────

①　以下简称《安全生产法》。

考点8：从业人员的安全生产权利义务的有关规定★●

> **教材点睛** 教材 P12～P13
>
> **法规依据：**《安全生产法》第28条、第45条、第52条～第61条。
>
> **1. 安全生产中从业人员的权利：**知情权、批评权和检举、控告权、拒绝权、紧急避险权、请求赔偿权、获得劳动防护用品的权利、获得安全生产教育和培训的权利。
>
> **2. 安全生产中从业人员的义务：**自律遵规的义务、自觉学习安全生产知识的义务、危险报告义务。

考点9：安全生产监督管理的有关规定

> **教材点睛** 教材 P14
>
> **法规依据：**《安全生产法》第62条～第78条。
>
> **1. 安全生产监督管理部门：**《安全生产法》第10条规定，国务院应急管理部门对全国安全生产工作实施综合监督管理。国务院交通运输、住房和城乡建设、水利、民航等有关部门在各自的职责范围内对有关行业、领域的安全生产工作实施监督管理。
>
> **2. 安全生产监督管理措施：**审查批准、验收；取缔；撤销；依法处理。
>
> **3. 安全生产监督管理部门的职权：**【详见P14】；监督检查不得影响被检查单位的正常生产经营活动。

> **巩固练习**

1.【判断题】危险物品的生产、经营、储存单位以及矿山、建筑施工单位的主要负责人和安全生产管理人员，应当缴费参加由有关部门组织的安全生产知识和管理能力考核，合格后方可任职。　　　　　　　　　　　　　　　　　　　　　　　　　　（　　）

2.【判断题】生产经营单位的特种作业人员必须按照国家有关规定参加由生产经营单位组织的安全作业培训，方可上岗作业。　　　　　　　　　　　　　　　　（　　）

3.【判断题】生产经营单位应当按照国家有关规定将本单位重大危险源及有关安全措施、应急措施报有关地方人民政府建设行政主管部门备案。　　　　　　　　（　　）

4.【判断题】从业人员发现直接危及人身安全的紧急情况时，应先把紧急情况完全排除，经主管单位允许后撤离作业场所。　　　　　　　　　　　　　　　　（　　）

5.【判断题】《安全生产法》的立法目的是加强安全生产工作，防止和减少生产安全事故，保障人民群众生命和财产安全，促进经济社会持续健康发展。　　　　（　　）

6.【判断题】建筑施工从业人员在一百人以下的，不需要设置安全生产管理机构或者配备专职安全生产管理人员，但应当配备兼职的安全生产管理人员。　　　（　　）

7.【判断题】国家对严重危及生产安全的工艺、设备实行审批制度。　　　（　　）

8.【判断题】某施工现场将氧气瓶仓库放在临时建筑一层东侧，员工宿舍放在二层西

侧，并采取了保证安全的措施。 （ ）

9.【判断题】生产经营单位的安全生产管理人员应当根据本单位的生产经营特点，对安全生产状况进行经常性检查；对检查中发现的安全问题，应当立即报告。 （ ）

10.【判断题】生产经营单位临时聘用的钢结构焊接工人不属于生产经营单位的从业人员，所以不享有从业人员应享有的权利。 （ ）

11.【单选题】《安全生产法》主要对生产经营单位的安全生产保障、（ ）、安全生产的监督管理、生产安全事故的应急救援与调查处理四个主要方面作出了规定。

A. 生产经营单位的法律责任

B. 安全生产的执行

C. 从业人员的权利和义务

D. 施工现场的安全

12.【单选题】下列关于生产经营单位安全生产保障的说法中，正确的是（ ）。

A. 生产经营单位可以将生产经营项目、场所、设备发包给建设单位指定认可的不具有相应资质等级的单位或个人

B. 生产经营单位的特种作业人员经过单位组织的安全作业培训方可上岗作业

C. 生产经营单位必须依法参加工伤社会保险，为从业人员缴纳保险费

D. 生产经营单位仅需要为从业人员提供劳动防护用品

13.【单选题】下列措施中，不属于生产经营单位安全生产保障措施中经济保障措施的是（ ）。

A. 保证劳动防护用品、安全生产培训所需要的资金

B. 保证工伤社会保险所需要的资金

C. 保证安全设施所需要的资金

D. 保证员工食宿设备所需要的资金

14.【单选题】当从业人员发现直接危及人身安全的紧急情况时，有权停止作业或在采取可能的应急措施后撤离作业场所，这里的权是指（ ）。

A. 拒绝权   B. 批评权和检举、控告权

C. 紧急避险权   D. 自我保护权

15.【单选题】根据《安全生产法》的规定，生产经营单位与从业人员订立协议，免除或减轻其对从业人员因生产安全事故伤亡应依法承担的责任，该协议（ ）。

A. 无效   B. 有效

C. 经备案后生效   D. 效力待定

16.【单选题】根据《安全生产法》的规定，安全生产中从业人员的义务不包括（ ）。

A. 遵守安全生产规章制度和操作规程

B. 接受安全生产教育和培训

C. 安全隐患及时报告

D. 紧急处理安全事故

17.【单选题】以下不属于生产经营单位的从业人员的范畴的是（ ）。

A. 技术人员   B. 临时聘用的钢筋工

C. 管理人员   D. 监督部门视察的监管人员

18.【单选题】下列各项中，不属于安全生产监督检查人员义务的是(   )。

A. 对检查中发现的安全生产违法行为，当场予以纠正或者要求限期改正

B. 执行监督检查任务时，必须出示有效的监督执法证件

C. 对涉及被检查单位的技术秘密和业务秘密，应当为其保密

D. 应当忠于职守，坚持原则，秉公执法

19.【多选题】生产经营单位安全生产保障措施由(   )组成。

A. 经济保障措施   B. 技术保障措施

C. 组织保障措施   D. 法律保障措施

E. 管理保障措施

【答案】1. ×；2. ×；3. ×；4. ×；5. √；6. ×；7. ×；8. ×；9. ×；10. ×；11. C；12. C；13. D；14. C；15. A；16. D；17. D；18. A；19. ABCE

考点 10：安全事故应急救援与调查处理的规定★

教材点睛 教材 P15～P16

法规依据：《安全生产法》第 79 条～第 89 条、《生产安全事故报告和调查处理条例》。

1. 生产安全事故的等级划分标准（按生产安全事故造成的人员伤亡或直接经济损失划分）

（1）特别重大事故：死亡≥30 人，或重伤≥100 人（包括急性工业中毒，下同），或直接经济损失≥1 亿元的事故。

（2）重大事故：10 人≤死亡<30 人，或 50 人≤重伤<100 人，或 5000 万元≤直接经济损失<1 亿元的事故。

（3）较大事故：3 人≤死亡<10 人，或 10 人≤重伤<50 人，或 1000 万元≤直接经济损失<5000 万元的事故。

（4）一般事故：死亡<3 人，或重伤<10 人，或直接经济损失<1000 万元的事故。

2. 生产安全事故报告

（1）生产经营单位发生生产安全事故后，事故现场有关人员应当立即报告本单位负责人。单位负责人接到事故报告后，应当按照国家有关规定立即如实报告当地负有安全生产监督管理职责的部门，不得隐瞒不报、谎报或者迟报，不得故意破坏事故现场、毁灭有关证据。

（2）特种设备发生事故的，还应当同时向特种设备安全监督管理部门报告。实行施工总承包的建设工程，由总承包单位负责上报事故。

3. 应急抢救工作：单位负责人接到事故报告后，应当迅速采取有效措施，组织抢救，防止事故扩大，减少人员伤亡和财产损失。

4. 事故的调查：事故调查处理应当按照科学严谨、依法依规、实事求是、注重实效的原则，及时、准确地查清事故原因，查明事故性质和责任，评估应急处置工作，总结事故教训，提出整改措施，并对事故责任者提出处理建议。

1.【判断题】某施工现场脚手架倒塌，造成 3 人死亡 8 人重伤，根据《生产安全事故报告和调查处理条例》规定，该事故等级属于一般事故。（　　）

2.【判断题】某化工厂施工过程中造成化学品试剂外泄，导致现场 15 人死亡，120 人急性工业中毒，根据《生产安全事故报告和调查处理条例》规定，该事故等级属于重大事故。（　　）

3.【判断题】生产经营单位发生生产安全事故后，事故现场相关人员应当立即报告施工项目经理。（　　）

4.【判断题】某实行施工总承包的建设工程的分包单位所承担的分包工程发生生产安全事故，分包单位负责人应当立即如实报告给当地建设行政主管部门。（　　）

5.【单选题】根据《生产安全事故报告和调查处理条例》规定，造成 10 人及以上 30 人以下死亡，或者 50 人及以上 100 人以下重伤，或者 5000 万元及以上 1 亿元以下直接经济损失的事故属于（　　）。

A. 重伤事故　　　　　　　　　　B. 较大事故

C. 重大事故　　　　　　　　　　D. 死亡事故

6.【单选题】某市地铁工程施工作业面内，因大量水和流沙涌入，引起部分结构损坏及周边地区地面沉降，造成 3 栋建筑物严重倾斜，直接经济损失约合 1.5 亿元。根据《生产安全事故报告和调查处理条例》规定，该事故等级属于（　　）。

A. 特别重大事故　　　　　　　　B. 重大事故

C. 较大事故　　　　　　　　　　D. 一般事故

7.【单选题】以下关于安全事故调查的说法中，错误的是（　　）。

A. 重大事故由事故发生地省级人民政府负责调查

B. 较大事故的事故发生地与事故发生单位不在同一个县级以上行政区域的，由事故发生单位所在地的人民政府负责调查，事故发生地人民政府应当派人参加

C. 一般事故以下等级事故，可由县级人民政府直接组织事故调查，也可由上级人民政府组织事故调查

D. 特别重大事故由国务院或者国务院授权有关部门组织事故调查组进行调查

8.【多选题】根据《生产安全事故报告和调查处理条例》规定，以下事故等级分类正确的有（　　）。

A. 造成 120 人急性工业中毒的事故为特别重大事故

B. 造成 8000 万元直接经济损失的事故为重大事故

C. 造成 3 人死亡、800 万元直接经济损失的事故为一般事故

D. 造成 10 人死亡、35 人重伤的事故为较大事故

E. 造成 10 人死亡、35 人重伤的事故为重大事故

9.【多选题】根据《生产安全事故报告和调查处理条例》规定，事故一般分为以下（　　）等级。

A. 特别重大事故　　　　　　　　B. 重大事故

C. 大事故   D. 一般事故

E. 较大事故

【答案】1. ×；2. ×；3. ×；4. ×；5. C；6. A；7. B；8. ABE；9. ABDE

第三节 《建设工程安全生产管理条例》 《建设工程质量管理条例》

考点 11：《建设工程安全生产管理条例》 ★●

教材点睛 教材 P16～P20

1. 立法目的： 加强建设工程安全生产监督管理，保障人民群众生命和财产安全。

2. 现行《建设工程安全生产管理条例》是 2004 年施行的。

3.《建设工程安全生产管理条例》关于施工单位的安全责任的有关规定

法规依据：《建设工程安全生产管理条例》第 20 条～第 38 条。

（1）施工单位有关人员的安全责任

1）施工单位主要负责人（法人及施工单位全面负责、有生产经营决策权的人）：依法对本单位的安全生产工作全面负责。

2）施工单位的项目负责人（具有建造师执业资格的项目经理）：对建设工程项目的安全全面负责。

3）专职安全生产管理人员（具有安全生产考核合格证书）：对安全生产进行现场监督检查。发现安全事故隐患，应当及时向项目负责人和安全生产管理机构报告；对于违章指挥、违章操作的，应当立即制止。

（2）总承包单位和分包单位的安全责任

总承包单位对施工现场的安全生产负总责，分包单位应当服从总承包单位的安全生产管理；总承包单位和分包单位对分包工程的安全生产承担连带责任，但分包单位不服从管理导致生产安全事故的，由分包单位承担主要责任。

（3）安全生产教育培训

1）管理人员的考核：施工单位的主要负责人、项目负责人、专职安全生产管理人员应当经建设行政主管部门或者其他有关部门考核合格后方可任职。

2）作业人员的安全生产教育培训：日常培训、新岗位培训、特种作业人员的专门培训。

（4）施工单位应采取的安全措施

编制安全技术措施、施工现场临时用电方案和专项施工方案；实行安全施工技术交底；设置施工现场安全警示标志；采取施工现场安全防护措施；施工现场的布置应当符合安全和文明施工要求；采取周边环境防护措施；制定实施施工现场消防安全措施；加强安全防护设备、起重机械设备管理；为施工现场从事危险作业人员办理意外伤害保险。

1.【判断题】建设工程施工前，施工单位负责该项目管理的施工员应当对有关安全施工的技术要求向施工作业班组、作业人员做出详细说明，并由双方签字确认。　　（　　）

2.【判断题】施工技术交底的目的是使现场施工人员对安全生产有所了解，最大限度避免安全 事故的发生。　　（　　）

3.【判断题】施工单位应当在施工现场入口处、施工起重机械、临时用电设施、脚手架等危险 部位，设置明显的安全警示标志。　　（　　）

4.【单选题】以下关于专职安全生产管理人员的说法中，有误的是（　　）。

A. 施工单位安全生产管理机构的负责人及其工作人员属于专职安全生产管理人员

B. 施工现场专职安全生产管理人员属于专职安全生产管理人员

C. 专职安全生产管理人员是指经建设单位安全生产考核合格取得安全生产考核证书的专职人员

D. 专职安全生产管理人员应当对安全生产进行现场监督检查

5.【单选题】下列安全生产教育培训中，不是施工单位必须做的是（　　）。

A. 施工单位主要负责人的考核

B. 特种作业人员的专门培训

C. 作业人员进入新岗位前的安全生产教育培训

D. 监理人员的考核培训

6.【单选题】《特种设备安全监察条例》规定的施工起重机械，在验收前应当经有相应资质的检验检测机构监督检验合格。施工单位应当自施工起重机械和整体提升脚手架、模板等自升式架设设施验收合格之日起（　　）日内，向建设行政主管部门或者其他有关部门登记。

A. 15　　　　　　B. 30　　　　　　C. 7　　　　　　D. 60

7.【多选题】以下关于总承包单位和分包单位的安全责任的说法中，正确的是（　　）。

A. 总承包单位应当自行完成建设工程主体结构的施工

B. 总承包单位对施工现场的安全生产负总责

C. 经业主认可，分包单位可以不服从总承包单位的安全生产管理

D. 分包单位不服从管理导致生产安全事故的，由总承包单位承担主要责任

E. 总承包单位和分包单位对分包工程的安全生产承担连带责任

8.【多选题】根据《建设工程安全生产管理条例》，应编制专项施工方案，并附具安全验算结果的分部分项工程包括（　　）。

A. 深基坑工程　　　　　　　　B. 起重吊装工程

C. 模板工程　　　　　　　　　D. 楼地面工程

E. 脚手架工程

9.【多选题】施工单位应当根据论证报告修改完善专项方案，并经（　　）签字后，方可组织实施。

A. 施工单位技术负责人　　　　B. 总监理工程师

C. 项目监理工程师   D. 建设单位项目负责人

E. 建设单位法人

10.【多选题】施工单位使用承租的机械设备和施工机具及配件的，由（　　）共同进行验收。

A. 施工总承包单位   B. 出租单位

C. 分包单位   D. 安装单位

E. 建设监理单位

【答案】1. √；2. ×；3. √；4. C；5. D；6. B；7. ABE；8. ABCE；9. AB；10. ABCD

考点 12：《建设工程质量管理条例》 ★●

教材点睛 教材 P20～P21

1. 立法目的：加强对建设工程质量的管理，保证建设工程质量，保护人民生命和财产安全。

2. 现行《建设工程质量管理条例》是 2019 年修订的。

3.《建设工程质量管理条例》关于施工单位的质量责任和义务的有关规定

法规依据：《建设工程质量管理条例》第 25 条～第 33 条。

（1）依法承揽工程：施工单位应依法取得相应等级的资质证书，在资质等级许可范围内承揽工程；禁止以超资质、挂靠、被挂靠等方式承揽工程；不得转包或者违法分包工程。

（2）施工单位的质量责任：施工单位对建设工程的施工质量负责。建设工程实行总承包的，总承包单位应当对全部建设工程质量负责；建设工程勘察、设计、施工、设备采购的一项或者多项实行总承包的，总承包单位应当对其承包的建设工程或者采购设备的质量负责；分包单位应当对其分包工程的质量向总承包单位负责，总承包单位与分包单位对分包工程的质量承担连带责任。

（3）施工单位的质量义务：按图施工；对建筑材料、构配件和设备进行检验的责任；对施工质量进行检验的责任；见证取样；保修责任。

巩固练习

1.【判断题】施工人员对涉及结构安全的试块、试件以及有关材料，应当在建设单位或者工程监理单位监督下现场取样，并送具有相应资质等级的质量检测单位进行检测。

（　　）

2.【判断题】在建设单位竣工验收合格前，施工单位应对质量问题履行返修义务。

（　　）

3.【单选题】某项目分期开工建设，开发商二期工程 3、4 号楼仍然复制使用一期工程施工图纸。施工时施工单位发现该图纸使用的 02 标准图集现已废止，按照《建设工程质量管理条例》的规定，施工单位正确的做法是（　　）。

A. 继续按图施工，因为按图施工是施工单位的本分

B. 按现行图集套改后继续施工

C. 及时向有关单位提出修改意见

D. 由施工单位技术人员修改图纸

4.【单选题】根据《建设工程质量管理条例》规定，施工单位应当对建筑材料、建筑构配件、设备和商品混凝土进行检验，下列做法不符合规定的是( )。

A. 未经检验的，不得用于工程中

B. 检验不合格的，应当重新检验，直至合格

C. 检验要按规定的格式形成书面记录

D. 检验要有相关的专业人员签字

5.【单选题】根据有关法律法规关于工程返修的规定，下列说法正确的是( )。

A. 对施工过程中出现质量问题的建设工程，若非施工单位原因造成的，施工单位不负责返修

B. 对施工过程中出现质量问题的建设工程，无论是否由施工单位造成，施工单位都应负责返修

C. 对竣工验收不合格的建设工程，若非施工单位原因造成的，施工单位不负责返修

D. 对竣工验收不合格的建设工程，若是施工单位原因造成的，施工单位负责有偿返修

6.【多选题】以下选项中，属于施工单位的质量责任和义务的有( )。

A. 建立质量保证体系

B. 按图施工

C. 对建筑材料、构配件和设备进行检验的责任

D. 组织竣工验收

E. 见证取样

【答案】1. √；2. √；3. C；4. B；5. B；6. ABCE

第四节 《中华人民共和国劳动法》
《中华人民共和国劳动合同法》①

考点 13：《劳动法》《劳动合同法》的立法目的

教材点睛 教材 P21

1.《劳动法》的立法目的：保护劳动者的合法权益，调整劳动关系，建立和维护适应社会主义市场经济的劳动制度，促进经济发展和社会进步。现行《劳动法》是 2018 年修订的。

————————

① 以下分别简称《劳动法》《劳动合同法》。

2.《劳动合同法》的立法目的：完善劳动合同制度，明确劳动合同双方当事人的权利和义务，保护劳动者的合法权益，构建和发展和谐稳定的劳动关系。现行《劳动合同法》是 2013 年施行的。

考点 14：《劳动法》《劳动合同法》关于劳动合同和集体合同的有关规定★●

教材点睛　教材 P21～P27

法规依据：关于劳动合同的条文见《劳动法》第 16 条～第 32 条、《劳动合同法》第 7 条～第 50 条。

关于集体合同的条文见《劳动法》第 33 条～第 35 条、《劳动合同法》第 51 条～第 56 条。

1. 劳动合同分类：分为固定期限劳动合同、无固定期限劳动合同和以完成一定工作任务为期限的劳动合同。集体合同实际上是一种特殊的劳动合同。

2. 劳动合同的订立

（1）应当订立无固定期限劳动合同的情况：劳动者在该用人单位连续工作满 10 年的；用人单位初次实行劳动合同制度或者国有企业改制重新订立劳动合同时，劳动者在该用人单位连续工作满 10 年且距法定退休年龄不足 10 年的；同一单位连续订立两次固定期限劳动合同的。

（2）订立劳动合同的时间限制：建立劳动关系，应当订立书面劳动合同。

3. 劳动合同无效的情况

（1）以欺诈、胁迫的手段或者乘人之危，使对方在违背真实意思的情况下订立或者变更劳动合同的。

（2）用人单位免除自己的法定责任、排除劳动者权利的。

（3）违反法律、行政法规强制性规定的。

（4）劳动合同部分无效，不影响其他部分效力的，其他部分仍然有效。

4. 集体合同的内容与订立

（1）集体合同的主要内容：包括劳动报酬、工作时间、休息休假、劳动安全卫生、保险福利等事项，也可以就劳动安全卫生、女职工权益保护、工资调整机制等事项订立专项集体合同。

（2）集体合同的签订人：工会代表职工或由职工推举的代表。

（3）集体合同的效力：对企业和企业全体职工具有约束力。职工个人与企业订立的劳动合同中劳动条件和劳动报酬等标准不得低于集体合同的规定。

（4）集体合同争议的处理：因履行集体合同发生争议，经协商解决不成的，工会或职工协商代表可以自劳动争议发生之日起 1 年内向劳动争议仲裁委员会申请劳动仲裁；对劳动仲裁结果不服的，可以自收到仲裁裁决书之日起 15 日内向人民法院提起诉讼。

考点 15：《劳动法》关于劳动安全卫生的有关规定●

教材点睛 教材 P27

法规依据：《劳动法》第 52 条～第 57 条。

1. 劳动安全卫生的概念：指直接保护劳动者在劳动中的安全和健康的法律保护。

2. 用人单位和劳动者应当遵守的劳动安全卫生法律规定【详见 P27】。

巩固练习

1.【判断题】《劳动合同法》的立法目的，是完善劳动合同制度，建立和维护适应社会主义市场经济的劳动制度，明确劳动合同双方当事人的权利和义务，保护劳动者的合法权益，构建和发展和谐稳定的劳动关系。   （   ）

2.【判断题】用人单位和劳动者之间订立的劳动合同可以采用书面或口头形式。
                                                              （   ）

3.【判断题】已建立劳动关系，未同时订立书面劳动合同的，应当自用工之日起一个月内订立书面劳动合同。   （   ）

4.【判断题】用人单位违反集体合同，侵犯职工劳动权益的，职工可以要求用人单位承担责任。   （   ）

5.【单选题】下列社会关系中，属于我国《劳动法》调整的劳动关系的是（   ）。

A. 施工单位与某个体经营者之间的加工承揽关系

B. 劳动者与施工单位之间在劳动过程中发生的关系

C. 家庭雇佣劳动关系

D. 社会保险机构与劳动者之间的关系

6.【单选题】2005 年 2 月 1 日小李经过面试合格后，与某建筑公司签订了为期 5 年的用工合同，并约定了试用期，则试用期最迟至（   ）。

A. 2005 年 2 月 28 日   B. 2005 年 5 月 31 日

C. 2005 年 8 月 1 日   D. 2006 年 2 月 1 日

7.【单选题】甲建筑材料公司聘请王某担任推销员，双方签订劳动合同，合同中约定如果王某完成承包标准，每月基本工资 1000 元，超额部分按 40％提成；若完不成任务，可由公司扣减工资。下列选项中表述正确的是（   ）。

A. 甲建筑材料公司不得扣减王某工资

B. 由于在试用期内，所以甲建筑材料公司的做法符合《劳动合同法》

C. 甲建筑材料公司可以扣发王某的工资，但是不得低于用人单位所在地的最低工资标准

D. 试用期内的工资不得低于本单位相同岗位的最低档工资

8.【单选题】贾某与乙建筑公司签订了一份劳动合同，在合同尚未期满时，贾某拟解除劳动合同。根据相关规定，贾某应当提前（   ）日以书面形式通知用人单位。

A. 3   B. 15   C. 25   D. 30

9.【单选题】在下列情形中，用人单位可以解除劳动合同，但应当提前30天以书面形式通知劳动者本人的是（　　）。

A. 小王在试用期内迟到早退，不符合录用条件

B. 小李因盗窃被判刑

C. 小张在外出执行任务时负伤，失去左腿

D. 小吴下班时间因酗酒摔伤住院，出院后不能从事原工作，也拒不从事单位另行安排的工作

10.【单选题】按照《劳动合同法》的规定，在下列选项中，用人单位提前30天以书面形式通知劳动者本人或额外支付1个月工资后可以解除劳动合同的情形是（　　）。

A. 劳动者患病或非工负伤在规定的医疗期满后不能胜任原工作的

B. 劳动者试用期间被证明不符合录用条件的

C. 劳动者被依法追究刑事责任的

D. 劳动者不能胜任工作，经培训或调整岗位仍不能胜任工作的

11.【单选题】王某应聘到某施工单位，双方于4月15日签订为期3年的劳动合同，其中约定试用期3个月，次日合同开始履行，同年7月18日，王某拟解除劳动合同，则（　　）。

A. 必须取得用人单位同意

B. 口头通知用人单位即可

C. 应提前30日以书面形式通知用人单位

D. 应报请劳动行政主管部门同意后以书面形式通知用人单位

12.【单选题】2013年1月，甲建筑材料公司聘请王某担任推销员，但2013年3月，由于王某怀孕，身体健康状况欠佳，未能完成任务，为此，公司按合同的约定扣减工资，只发生活费，其后，王某又有两个月均未能完成承包任务，因此，甲建筑材料公司解除与王某的劳动合同。下列选项中表述正确的是（　　）。

A. 由于在试用期内，甲建筑材料公司可以随时解除劳动合同

B. 由于王某不能胜任工作，甲建筑材料公司应提前30日通知王某，解除劳动合同

C. 甲建筑材料公司可以支付王某一个月工资后解除劳动合同

D. 由于王某在怀孕期间，所以甲建筑材料公司不能解除劳动合同

13.【多选题】无效的劳动合同，从订立的时候起，就没有法律约束力。下列属于无效的劳动合同的有（　　）。

A. 报酬较低的劳动合同

B. 违反法律、行政法规强制性规定的劳动合同

C. 采用欺诈、威胁等手段订立的严重损害国家利益的劳动合同

D. 未规定明确合同期限的劳动合同

E. 劳动内容约定不明确的劳动合同

14.【多选题】关于劳动合同变更，下列表述中正确的有（　　）。

A. 用人单位与劳动者协商一致，可变更劳动合同的内容

B. 变更劳动合同只能在合同订立之后、尚未履行之前进行

C. 变更后的劳动合同文本由用人单位和劳动者各执一份

D. 变更劳动合同，应采用书面形式

E. 建筑公司可以单方变更劳动合同，变更后劳动合同有效

15.【多选题】根据《劳动合同法》，劳动者有下列(   )情形之一的，用人单位可随时解除劳动合同。

A. 在试用期间被证明不符合录用条件的

B. 严重失职，营私舞弊，给用人单位造成重大损害的

C. 劳动者不能胜任工作，经过培训或者调整工作岗位，仍不能胜任工作的

D. 劳动者患病，在规定的医疗期满后不能从事原工作，也不能从事由用人单位另行安排的工作的

E. 被依法追究刑事责任

16.【多选题】某建筑公司发生以下事件：职工李某因工负伤而丧失劳动能力；职工王某因盗窃自行车一辆而被公安机关给予行政处罚；职工徐某因与他人同居而怀孕；职工陈某被派往境外逾期未归；职工张某因工程重大安全事故罪被判刑。对此，建筑公司可以随时解除劳动合同的有(   )。

A. 李某   B. 王某

C. 徐某   D. 陈某

E. 张某

17.【多选题】在下列情形中，用人单位不得解除劳动合同的有(   )。

A. 劳动者被依法追究刑事责任

B. 女职工在孕期、产期、哺乳期

C. 患病或者非因工负伤，在规定的医疗期内的

D. 因工负伤被确认丧失或者部分丧失劳动能力

E. 劳动者不能胜任工作，经过培训，仍不能胜任工作的

18.【多选题】下列情况中，劳动合同终止的有(   )。

A. 劳动者开始依法享受基本养老待遇

B. 劳动者死亡

C. 用人单位名称发生变更

D. 用人单位投资人变更

E. 用人单位被依法宣告破产

【答案】1.×；2.×；3.√；4.×；5.B；6.C；7.C；8.D；9.D；10.D；11.C；12.D；13.BC；14.ACD；15.ABE；16.DE；17.BCD；18.ABE

第二章 建 筑 材 料

第一节 无机胶凝材料

考点 16：无机胶凝材料★●

教材点睛 教材 P28～P29

1. 无机胶凝材料的分类及特性

无机胶凝材料类型	适用环境	代表材料
气硬性胶凝材料	只适用于干燥环境	石灰、石膏、水玻璃
水硬性胶凝材料	既能适用于干燥环境，也适用于潮湿环境及水中工程	水泥

2. 通用水泥的特性及应用【详见 P29 表 2-3】

巩固练习

1.【判断题】气硬性胶凝材料只能在空气中凝结、硬化、保持和发展强度，一般只适用于干燥环境，不宜用于潮湿环境与水中；那么水硬性胶凝材料只能适用于潮湿环境与水中。 （ ）

2.【判断题】通常将水泥、矿物掺合料、粗细骨料、水和外加剂按一定的比例配制而成的、干表观密度为 2000～3000kg/m³ 的混凝土称为普通混凝土。 （ ）

3.【单选题】下列（ ）不属于按化学成分分类的建筑材料。

A. 无机材料 　　　B. 高分子合成材料 　C. 复合材料 　　　D. 有机材料

4.【单选题】下列属于水硬性胶凝材料的是（ ）。

A. 石灰 　　　　　B. 石膏 　　　　　C. 水泥 　　　　　D. 水玻璃

5.【单选题】气硬性胶凝材料一般只适用于（ ）环境中。

A. 干燥 　　　　　B. 干湿交替 　　　C. 潮湿 　　　　　D. 水中

6.【单选题】下列（ ）不属于按用途和性能对水泥分类。

A. 通用水泥 　　　B. 专用水泥 　　　C. 特性水泥 　　　D. 多用水泥

7.【单选题】下列关于建筑工程常用的特性水泥的特性及应用的表述中，不正确的是（ ）。

A. 白水泥和彩色水泥主要用于建筑物室内外的装饰

B. 膨胀水泥可用于收缩补偿混凝土工程

C. 快硬水泥易受潮变质，出厂超过 3 个月，应重新检验，合格后方可使用

D. 快硬硅酸盐水泥可用于紧急抢修工程、低温施工工程

8.【多选题】下列建筑材料按使用功能分类，属于结构材料的是（ ）。

A. 木材
B. 砌块
C. 防水材料
D. 水泥
E. 绝热材料

9.【多选题】下列关于通用水泥的特性及应用的基本规定中，表述正确的是(　　)。

A. 复合硅酸盐水泥适用于早期强度要求高的工程及冬期施工的工程

B. 矿渣硅酸盐水泥适用于大体积混凝土工程

C. 粉煤灰硅酸盐水泥适用于有抗渗要求的工程

D. 火山灰质硅酸盐水泥适用于抗裂性要求较高的构件

E. 硅酸盐水泥适用于严寒地区遭受反复冻融循环作用的混凝土工程

【答案】1.×；2.×；3.B；4.C；5.A；6.D；7.C；8.ABD；9.BE

第二节　混　凝　土

考点17：普通混凝土 ★●

教材点睛　教材 P29～P32

1. 普通混凝土（干表观密度为 2000～2800kg/m³）的分类

普通混凝土分类一览表

按用途分类	结构混凝土、抗渗混凝土、抗冻混凝土、大体积混凝土、水工混凝土、耐热混凝土、耐酸混凝土、装饰混凝土等	普通混凝土广泛用于建筑、桥梁、道路、水利、码头、海洋等工程
按强度等级分类	普通强度混凝土（<C60）、高强混凝土（≥C60）、超高强混凝土（≥C100）	
按施工工艺分类	喷射混凝土、泵送混凝土、碾压混凝土、压力灌浆混凝土、离心混凝土、真空脱水混凝土	

2. 普通混凝土的主要技术性质

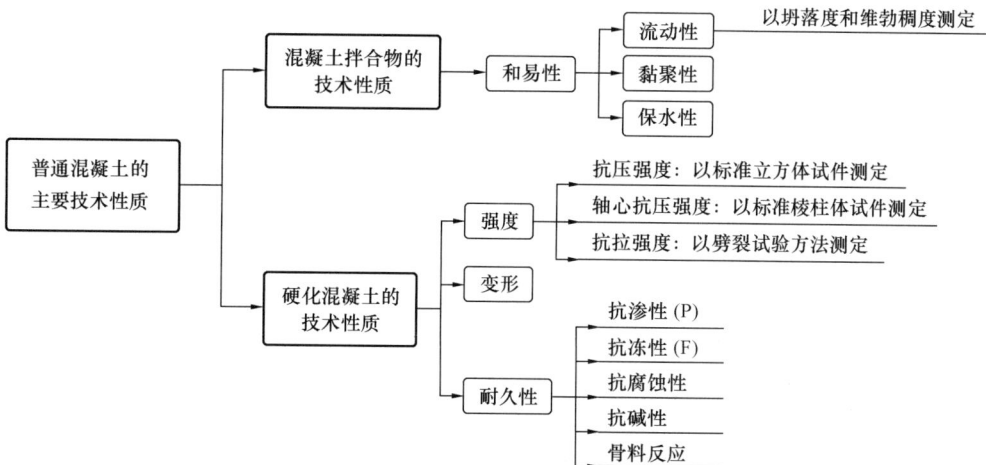

普通混凝土的主要技术性质
- 混凝土拌合物的技术性质 → 和易性 → 流动性（以坍落度和维勃稠度测定）、黏聚性、保水性
- 硬化混凝土的技术性质
  - 强度
    - 抗压强度：以标准立方体试件测定
    - 轴心抗压强度：以标准棱柱体试件测定
    - 抗拉强度：以劈裂试验方法测定
  - 变形
  - 耐久性
    - 抗渗性（P）
    - 抗冻性（F）
    - 抗腐蚀性
    - 抗碱性
    - 骨料反应

3. 普通混凝土的组成材料及其主要技术要求

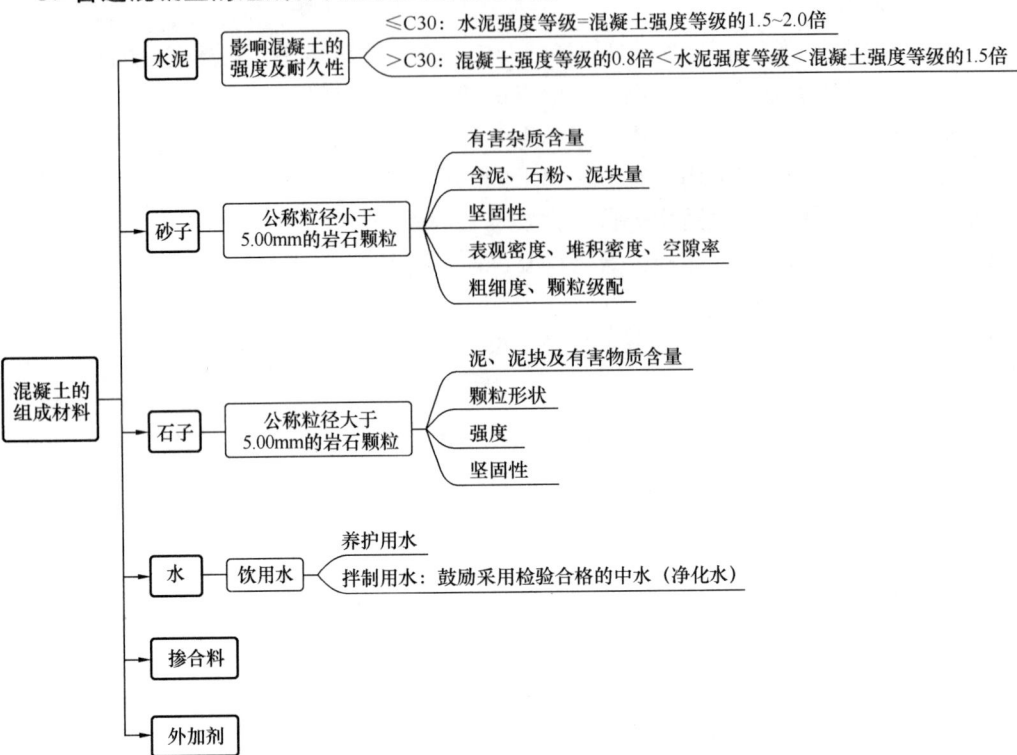

```
                          ≤C30: 水泥强度等级=混凝土强度等级的1.5~2.0倍
         水泥 ─ 影响混凝土的
                强度及耐久性    >C30: 混凝土强度等级的0.8倍<水泥强度等级<混凝土强度等级的1.5倍

                                 有害杂质含量
                                 含泥、石粉、泥块量
         砂子 ─ 公称粒径小于       坚固性
                5.00mm的岩石颗粒   表观密度、堆积密度、空隙率
                                 粗细度、颗粒级配
混凝土的
组成材料
                                 泥、泥块及有害物质含量
         石子 ─ 公称粒径大于       颗粒形状
                5.00mm的岩石颗粒   强度
                                 坚固性

                     养护用水
         水 ─ 饮用水
                     拌制用水: 鼓励采用检验合格的中水（净化水）

         掺合料

         外加剂
```

1.【判断题】混凝土立方体抗压强度标准值指按照标准方法制成边长为 150mm 的标准立方体试件，在标准条件（温度 20℃±2℃，相对湿度为 95％以上）下养护 28d，采用标准试验方法测得的极限抗压强度值。　　　　　　　　　　　　　　　　（　　）

2.【判断题】混凝土的轴心抗压强度是采用 150mm×150mm×500mm 的棱柱体作为标准试件，在标准条件（温度 20℃±2℃，相对湿度为 95％以上）下养护 28d，采用标准试验方法测得的抗压强度值。　　　　　　　　　　　　　　　　　　　　　（　　）

3.【单选题】下列关于普通混凝土的分类方法中，错误的是(　　)。

A. 按用途分为结构混凝土、抗渗混凝土、抗冻混凝土、大体积混凝土、水工混凝土、耐热混凝土等

B. 按强度等级分为普通强度混凝土、高强混凝土、超高强混凝土

C. 按强度等级分为低强度混凝土、普通强度混凝土、高强混凝土、超高强混凝土

D. 按施工工艺分为喷射混凝土、泵送混凝土、碾压混凝土、压力灌浆混凝土、离心混凝土等

4.【单选题】下列关于普通混凝土的主要技术性质的表述中，无误的是(　　)。

A. 混凝土拌合物的主要技术性质为和易性，硬化混凝土的主要技术性质包括强度、

变形和耐久性等

B. 和易性是满足施工工艺要求的综合性质，包括流动性和保水性

C. 混凝土拌合物的和易性目前主要以测定流动性的大小来确定

D. 根据坍落度值的大小将混凝土进行分级时，坍落度 160mm 的混凝土为流动性混凝土

5.【单选题】和易性是满足施工工艺要求的综合性质，包括(　　)。

A. 流动性、黏聚性和保水性　　　　　B. 流动性和保水性

C. 流动性和黏聚性　　　　　　　　　D. 以上答案都不正确

6.【单选题】普通混凝土共划分为十四个强度等级。如 C30 表示混凝土立方体抗压强度标准值(　　)。

A. $30MPa \leqslant f_{cu,k} < 35MPa$　　　　　B. $f_{cu,k} \geqslant 30MPa$

C. $f_{cu,k} > 30MPa$　　　　　　　　D. $f_{cu,k} = 30MPa$

7.【单选题】下列关于混凝土的耐久性的相关表述中，正确的是(　　)。

A. 抗渗等级以 28d 龄期标准试件，每组 8 个试件，6 个未出现渗水时所能承受的最大静水压来确定

B. 主要包括抗渗性、抗冻性、耐久性、抗碳化、抗碱—骨料反应等方面

C. 抗冻等级是 28d 龄期的试件，抗压强度损失不超过 20%，同时质量损失不超过 10% 时冻融循环的次数

D. 当工程所处环境存在侵蚀介质时，对混凝土必须提出耐久性要求

8.【单选题】下列关于普通混凝土的组成材料的说法中，正确的是(　　)。

A. 水泥强度等级的选择与混凝土强度无关，高强度混凝土可选择低强度等级的水泥

B. 采用级配良好的砂，可减少混凝土的重量

C. 国家标准对粗骨料中针、片状颗粒的含量没有规定

D. 混凝土用水应优先采用符合国家标准的饮用水

9.【多选题】下列关于普通混凝土的组成材料及其主要技术要求的说法中，正确的是(　　)。

A. 一般情况下，中、低强度的混凝土，其水泥强度等级为混凝土强度等级的 1.0～1.5 倍

B. 天然砂的坚固性用硫酸钠溶液法检验，砂样经 5 次循环后，其质量损失应符合国家标准的规定

C. 和易性一定时，采用粗砂配制混凝土，可减少拌合用水量，节约水泥用量

D. 水按水源不同分为饮用水、地表水、地下水、海水及工业废水

E. 混凝土用水应优先采用符合国家标准的饮用水

【答案】1.√；2.×；3.C；4.A；5.A；6.A；7.B；8.D；9.BCE

第三节　砂　浆

教材点睛 教材 P33～P34

1. 砂浆的分类及应用

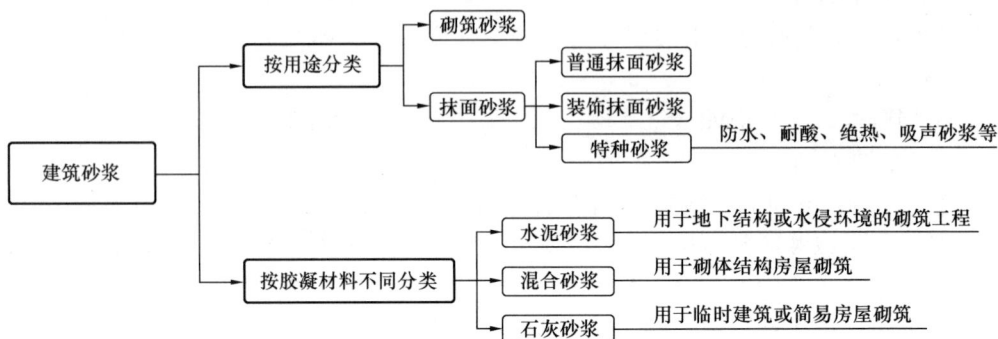

建筑砂浆
- 按用途分类
  - 砌筑砂浆
  - 抹面砂浆
    - 普通抹面砂浆
    - 装饰抹面砂浆
    - 特种砂浆　　防水、耐酸、绝热、吸声砂浆等
- 按胶凝材料不同分类
  - 水泥砂浆　　用于地下结构或水侵环境的砌筑工程
  - 混合砂浆　　用于砌体结构房屋砌筑
  - 石灰砂浆　　用于临时建筑或简易房屋砌筑

2. 砌筑砂浆的主要技术性质

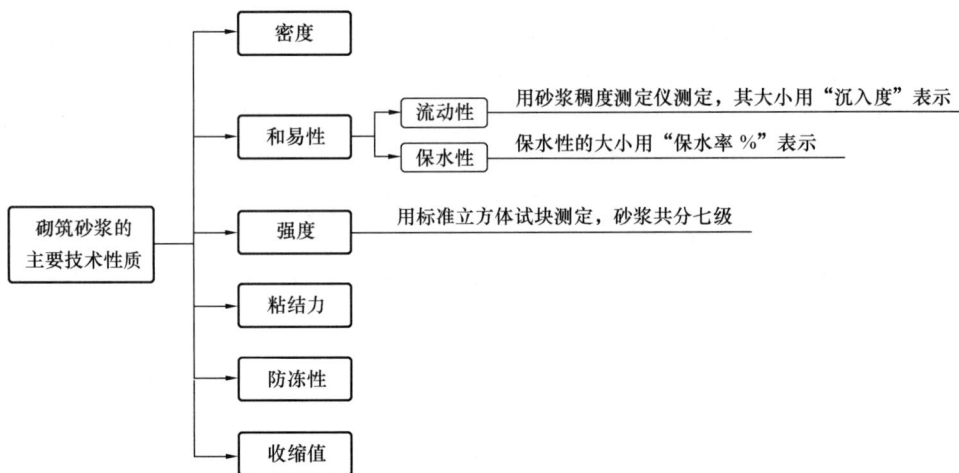

砌筑砂浆的主要技术性质
- 密度
- 和易性
  - 流动性　　用砂浆稠度测定仪测定，其大小用"沉入度"表示
  - 保水性　　保水性的大小用"保水率 %"表示
- 强度　　用标准立方体试块测定，砂浆共分七级
- 粘结力
- 防冻性
- 收缩值

3. 砌筑砂浆的组成材料及其技术要求

（1）胶凝材料（水泥）

1）常用水泥品种：普通水泥、矿渣水泥、火山灰水泥、粉煤灰水泥和砌筑水泥等。

2）根据砂浆品种及强度等级选用水泥品种：M15 及以下强度等级的砌筑砂浆宜选用 32.5 级通用硅酸盐水泥或砌筑水泥；M15 以上强度等级的砌筑砂浆宜选用 42.5 级通用硅酸盐水泥。

（2）细骨料（砂）：除毛石砌体宜选用粗砂外，其他一般宜选用中砂。砂的含泥量不应超过 5%。

教材点睛 教材 P33～P34(续)

（3）水：选用不含有害杂质的洁净水来拌制砂浆。

（4）掺加料：石灰膏（严禁使用脱水硬化的石灰膏）、电石膏（没有乙炔气味后，方可使用）、粉煤灰（消石灰粉不得直接用于砌筑砂浆中）。

（5）常用外加剂：有机塑化剂、引气剂、早强剂、缓凝剂、防冻剂等。

巩固练习

1.【判断题】混合砂浆强度较高，耐久性较好，但流动性和保水性较差，可用于砌筑较干燥环境下的砌体。（   ）

2.【判断题】M15 以上强度等级的砌筑砂浆宜选用 42.5 级通用硅酸盐水泥。（   ）

3.【单选题】下列关于砂浆与水泥的说法中，错误的是（   ）。

A. 根据胶凝材料的不同，建筑砂浆可分为石灰砂浆、水泥砂浆和混合砂浆

B. 水泥属于水硬性胶凝材料，因而只能在潮湿环境与水中凝结、硬化、保持和发展强度

C. 水泥砂浆强度高，耐久性和耐水性好，常用于地下结构或经常受水侵蚀的砌体部位

D. 用于一般土木建筑工程的水泥为通用水泥，系通用硅酸盐水泥的简称

4.【单选题】建筑砂浆的组成材料包括胶凝材料、细骨料、（   ）和水。

A. 粗骨料   B. 石灰

C. 掺加料   D. 石膏

5.【单选题】下列关于砌筑砂浆主要技术性质的说法中，错误的是（   ）。

A. 砌筑砂浆的技术性质主要包括新拌砂浆的密度、和易性、硬化砂浆强度和对基面的粘结力、抗冻性、收缩值等指标

B. 流动性的大小用"沉入度"表示，通常用砂浆稠度测定仪测定

C. 砂浆流动性的选择与砌筑种类、施工方法及天气情况有关。流动性过大，砂浆太稀，不但铺砌难，而且硬化后强度降低；流动性过小，砂浆太稠，难于铺平

D. 砂浆的强度是以 150mm×150mm×150mm 的立方体试块，在标准条件下养护 28d 后，用标准方法测得的抗压强度（MPa）算术平均值来评定的

6.【单选题】下列关于抹面砂浆分类及应用的说法中，错误的是（   ）。

A. 常用的普通抹面砂浆有水泥砂浆、水泥石灰砂浆、水泥粉煤灰砂浆、掺塑化剂水泥砂浆等

B. 为了保证抹灰表面的平整，避免开裂和脱落，抹面砂浆通常分为底层、中层和面层

C. 装饰砂浆与普通抹面砂浆的主要区别在于中层和面层

D. 装饰砂浆常用的胶凝材料有白水泥和彩色水泥，以及石灰、石膏等

7.【多选题】装饰砂浆常用的工艺做法有（   ）。

A. 搓毛   B. 拉毛

C. 斩假石   D. 水磨石

E. 水刷石

【答案】1. ×；2. √；3. B；4. C；5. D；6. C；7. BCDE

第四节　石材、砖和砌块

考点 19：石材、砖和砌块★●

教材点睛 教材 P34～P38

1. 砌筑用石材的分类及应用

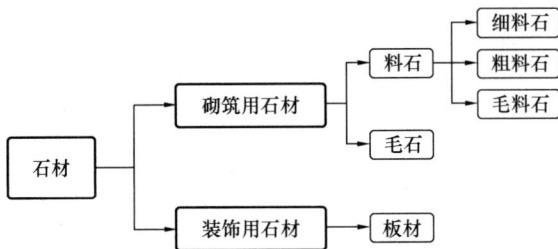

（1）砌筑用石材主要用于建筑物基础、挡土墙等，也可用于建筑物墙体。

（2）装饰用石材主要用于公共建筑或装饰等级要求较高的室内外装饰工程。

2. 砖的分类及应用

（1）烧结砖品种及用途

1）烧结普通砖：主要用于砌筑建筑物的内墙、外墙、柱、烟囱和窑炉。目前，禁止使用黏土实心砖，可使用黏土多孔砖和空心砖。

2）烧结多孔砖：优等品可用于墙体装饰和清水墙砌筑，一等品和合格品可用于混水墙，中等泛霜的砖不得用于潮湿部位。

3）烧结空心砖：主要用于多层建筑内隔墙或框架结构的填充墙等。

（2）非烧结砖的用途

常用的非烧结砖有蒸压灰砂砖、蒸压粉煤灰砖、蒸压炉渣砖、混凝土砖，均可用于工业与民用建筑的墙体和基础砌筑。除混凝土砖以外，均不得用于长期受热 200℃ 以上、受急冷急热或有侵蚀的环境。

3. 砌块的分类及应用

（1）目前我国常用的砌块：蒸压加气混凝土砌块、普通混凝土小型空心砌块、石膏砌块等。

（2）蒸压加气混凝土砌块：适用于低层建筑的承重墙，多层建筑和高层建筑的隔离墙、填充墙及工业建筑的围护墙体和绝热墙体。

（3）普通混凝土小型空心砌块：建筑体系比较灵活，砌筑方便，主要用于建筑的内外墙体。

1. 【判断题】烧结普通砖的标准尺寸是 240mm×115mm×53mm。　　　　　（　　）
2. 【判断题】砌筑用石材主要用于建筑物基础、挡土墙等。　　　　　　　　（　　）
3. 【单选题】烧结多孔砖是以煤矸石、页岩、粉煤灰或黏土为主要原料，经成型、焙烧而成的空洞率(　　)的砖。

A. ≥35%
B. ≥15%
C. ≤35%
D. ≤15%

4. 【单选题】砌筑用石材分类不包括(　　)。

A. 毛料石
B. 细料石
C. 板材
D. 粗料石

5. 【单选题】蒸压加气混凝土砌块适用于(　　)。

A. 低层建筑的承重墙
B. 非承重墙
C. 内外墙体
D. 承重墙

6. 【单选题】下列关于砌块的分类、主要技术要求及应用的说法中，错误的是(　　)。

A. 目前国内推广应用较为普遍的砌块有蒸压加气混凝土砌块、普通混凝土小型空心砌块、石膏砌块等
B. 按尺寸偏差与外观质量、干密度、抗压强度和抗冻性，蒸压加气混凝土砌块的质量分为优等品、一等品、合格品三个等级
C. 混凝土小型空心砌块适用于多层建筑和高层建筑的隔离墙、填充墙及工业建筑的围护墙体和绝热墙体
D. 混凝土小型空心砌块主要规格尺寸为 390mm×190mm×190mm、390mm×240mm×190mm，最小外壁厚不应小于 30mm，最小肋厚不应小于 25mm

7. 【多选题】下列关于非烧结砖的分类、主要技术要求及应用的说法中，错误的是(　　)。

A. 蒸压灰砂砖根据产品尺寸偏差和外观分为优等品、一等品、合格品三个等级
B. 蒸压灰砂砖可用于工业与民用建筑的基础和墙体，但在易受冻融和干湿交替的部位必须使用优等品或一等品
C. 炉渣砖的外形尺寸同普通黏土砖，为 240mm×115mm×53mm
D. 混凝土普通砖的规格与黏土空心砖相同，用于工业与民用建筑基础和承重墙体
E. 混凝土普通砖可用于一般工业与民用建筑的墙体和基础，但用于基础或易受冻融和干湿交替作用的建筑部位必须使用 MU15 及以上强度等级的砖

【答案】1. √；2. √；3. C；4. C；5. A；6. B；7. BE

第五节 钢 材

考点 20：钢材 ★●

教材点睛 教材 P38～P44

1. 钢材分类

```
                                                        ┌── 低碳钢
                                          ┌── 碳素钢 ──┼── 中碳钢
                                          │             └── 高碳钢
                     ┌── 按化学成分分类 ──┤
                     │                    │             ┌── 低合金钢
                     │                    └── 合金钢 ──┼── 中合金钢
                     │                                  └── 高合金钢
                     │
                     │                    ┌── 沸腾钢
        钢材 ────────┼── 按脱氧程度分类 ──┼── 镇静钢
                     │                    └── 特殊镇静钢
                     │
                     │                    ┌── 普通钢
                     └── 按质量分类 ──────┼── 优质钢
                                          └── 高级优质钢
```

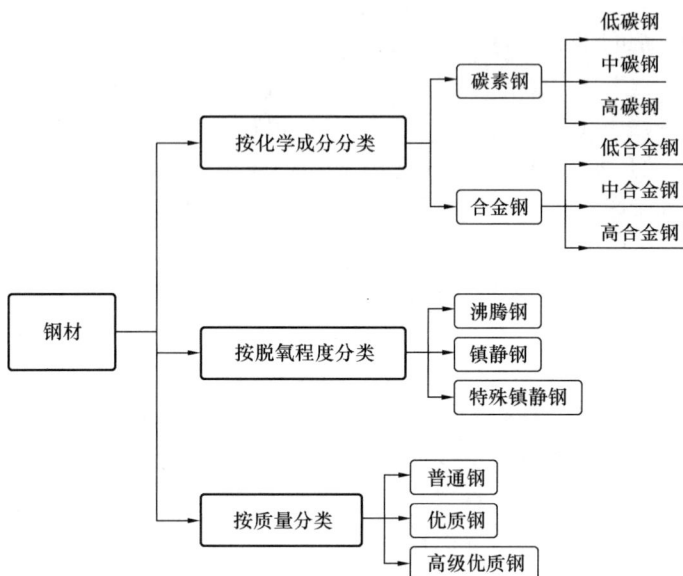

2. 钢结构用钢材的品种及特性

（1）建筑钢结构用钢材：分为碳素结构钢和低合金高强度结构钢两种。

（2）钢结构用钢材：主要是型钢和钢板。型钢和钢板的成型有热轧和冷轧两种。

（3）常用热轧型钢：角钢、工字钢、槽钢、H 型钢等。

1）工字钢广泛应用于各种建筑结构和桥梁，主要用于承受横向弯曲（腹板平面内受弯）的杆件，但不宜单独用作轴心受压构件或双向弯曲的构件。

2）槽钢主要用于承受轴向力的杆件、承受横向弯曲的梁以及联系杆件，主要用于建筑钢结构、车辆制造等。

3）宽翼缘和中翼缘 H 型钢适用于钢柱等轴心受压构件，窄翼缘 H 型钢适用于钢梁等受弯构件。

（4）冷弯薄壁型钢的类型：C 型钢、U 型钢、Z 型钢、带钢、镀锌带钢、镀锌卷板、镀锌 C 型钢、镀锌 U 型钢、镀锌 Z 型钢，可用作钢架、桁架、梁、柱等主要承重构件，也可用作屋面檩条、墙架梁柱、龙骨、门窗、屋面板、墙面板、楼板等次要构件和围护结构。

（5）板材的类型：钢板、压型钢板、花纹钢板、彩色涂层钢板。

3. 钢筋混凝土结构用钢材的品种及特性

(1) 钢筋混凝土结构用钢材主要是由碳素结构钢和低合金结构钢轧制而成的各种钢筋。常用的是热轧钢筋、预应力混凝土用钢丝和钢绞线。

(2) 热轧钢筋：分为热轧光圆钢筋和热轧带肋钢筋两大类。

1) 热轧光圆钢筋：塑性及焊接性能很好，但强度较低，广泛用于钢筋混凝土结构的构造筋。

2) 热轧带肋钢筋：延性、可焊性、机械连接性能和锚固性能均较好，且其400MPa、500MPa 级钢筋的强度高，实际工程中主要用作结构构件中的受力主筋、箍筋等。

(3) 预应力混凝土用钢丝

1) 分类：按加工状态分为冷拉钢丝和消除应力钢丝两类。

2) 优点：抗拉强度比钢筋混凝土用热轧光圆钢筋、热轧带肋钢筋高很多，在构件中采用预应力钢丝可节省钢材、减小构件截面和节省混凝土。

3) 适用范围：预应力钢丝主要用于桥梁、吊车梁、大跨度屋架和管桩等预应力钢筋混凝土构件中。

(4) 钢绞线

1) 预应力钢绞线按捻制结构分为五类。

2) 优点：强度高、柔度好，质量稳定，与混凝土粘结力强，易于锚固，成盘供应不需接头等。

3) 适用范围：大跨度、大负荷的桥梁、电杆、轨枕、屋架、大跨度吊车梁等结构的预应力筋。

巩固练习

1. 【判断题】建筑钢结构用钢材主要有碳素结构钢和低合金高强度结构钢两种。

( )

2. 【单选题】下列关于钢材分类的说法中，错误的是( )。

A. 合金钢按化学成分分为低合金钢、中合金钢和高合金钢

B. 按质量分为普通钢、优质钢和高级优质钢

C. 含碳量为 0.2％～0.5％的碳素钢为中碳钢

D. 按脱氧程度分为沸腾钢、镇静钢和特殊镇静钢

3. 【单选题】中碳钢的含碳量( )。

A. ＜0.25％　　　　　　　　　　B. 0.25％～0.60％

C. ＞0.60％　　　　　　　　　　D. ＞0.25％

4. 【单选题】下列关于钢结构用钢材的说法中，正确的是( )。

A. 工字钢主要用于承受轴向力的杆件、承受横向弯曲的梁以及联系杆件

B. Q235A 代表屈服强度为 235N/mm²，A 级，沸腾钢

C. 低合金高强度结构钢均为镇静钢或特殊镇静钢

D. 槽钢主要用于承受横向弯曲的杆件，但不宜单独用作轴心受压构件或双向弯曲的构件

5.【单选题】下列关于型钢的说法中，错误的是( )。

A. 与工字钢相比，H型钢优化了截面的分布，具有翼缘宽，侧向刚度大，抗弯能力强，翼缘两表面相互平行、连接构造方便，质量轻、节省钢材等优点

B. 钢结构所用钢材主要是型钢和钢板

C. 不等边角钢的规格以"长边宽度（mm）×短边宽度（mm）×厚度（mm）"或"长边宽度（cm）/短边宽度（cm）"表示

D. 在房屋建筑中，冷弯型钢可用作钢架、桁架、梁、柱等主要承重构件，但不可用作屋面檩条、墙架梁柱、龙骨、门窗、屋面板、墙面板、楼板等次要构件和围护结构

6.【单选题】下列选项中，不属于钢筋混凝土结构用钢材的主要品种的是( )。

A. 热轧钢筋   B. 热处理钢筋

C. 预应力混凝土用钢丝和钢绞线   D. 冷处理钢筋

7.【单选题】下列关于冷加工钢筋和热处理钢筋的说法中，错误的是( )。

A. 冷轧带肋钢筋的牌号由CRB和钢筋的抗拉强度最大值构成

B. 冷拔低碳钢丝不得作预应力钢筋使用，作箍筋使用时直径不宜小于5mm

C. 冷拔低碳钢丝是用普通碳素钢热轧盘条钢筋在常温下冷拔加工而成，只有CDW550一个强度级别

D. 热处理钢筋强度高，锚固性好，不易打滑，预应力值稳定；开盘后钢筋自然伸直，不需调直及焊接

8.【单选题】钢筋牌号HRB400表示( )为400MPa的热轧带肋钢筋。

A. 屈服强度   B. 抗拉强度

C. 强度设计值   D. 比例极限

9.【多选题】下列关于钢筋混凝土结构用钢材的说法中，不正确的是( )。

A. 根据表面特征不同，热轧钢筋分为光圆钢筋和带肋钢筋两大类

B. 热轧光圆钢筋的塑性及焊接性能很好，但强度较低，故HPB300广泛用于钢筋混凝土结构的构造筋

C. 钢丝按外形分为光圆钢丝、螺旋肋钢丝、刻痕钢丝三种

D. 预应力钢绞线主要用于桥梁、吊车梁、大跨度屋架和管桩等预应力钢筋混凝土构件中

E. 预应力钢丝主要用于大跨度、大负荷的桥梁、电杆、轨枕、屋架、大跨度吊车梁等结构

【答案】1.√；2.C；3.B；4.B；5.D；6.D；7.A；8.A；9.DE

第三章　建筑工程识图

第一节　施工图的基本知识

考点 21：房屋建筑施工图的作用及组成●

> **教材点睛**　教材 P45
>
> **1. 建筑施工图的组成及作用**
> （1）建筑施工图组成：建筑设计说明、建筑总平面图、建筑平面图、建筑立面图、建筑剖面图及建筑详图等。
> （2）建造房屋时，建筑施工图主要作为定位放线、砌筑墙体、安装门窗、装修的依据。
> **2. 结构施工图的组成及作用**
> （1）结构施工图的组成：结构设计说明、结构平面布置图和结构详图三部分。
> （2）结构施工图的作用：用以表示房屋骨架系统的结构类型、构件布置、构件种类、数量、构件的内部构造和外部形状、大小，以及构件间的连接构造；是结构施工的依据。
> **3. 设备施工图的组成及作用**
> （1）设备施工图的组成：给水排水施工图、供暖通风与空调施工图、电气设备施工图等。各专业图纸均包括设计说明、设备的平面布置图、剖面图、系统图、详图等内容。
> （2）设备施工图的作用：表达给水排水、供电照明、供暖通风、空调、燃气等设备布置和施工要求等。

考点 22：房屋建筑施工图图示特点及制图标准规定●

> **教材点睛**　教材 P45～P48
>
> **1. 房屋建筑施工图图示特点**
> （1）施工图中的各图样用正投影法绘制。
> （2）施工图绘制比例较小，对于需要表达清楚的节点、剖面等部位，则应采用较大比例进行绘制。
> （3）建筑构配件、卫生设备、建筑材料等图例采用统一的国家标准标注。
> **2. 制图标准相关规定**
> （1）常用建筑材料图例【详见 P46 表 3-1】；尺寸标注形式【详见 P47～P48 表 3-2】。
> （2）标高：①施工图纸中的标高采用相对标高，以建筑物地上部分首层室内地面作为±0.000点。地上标高为正，地下标高为负。②施工图中标高单位均为"米"。③建筑施工图中的标高表示其完成面的标高。

1.【判断题】房屋建筑施工图是工程设计阶段的最终成果，同时又是工程施工、监理和计算工程造价的主要依据。　　　　　　　　　　　　　　　（　　）

2.【判断题】建筑施工图一般包括建筑设计说明、建筑总平面图、平面图、立面图、剖面图及建筑详图等。　　　　　　　　　　　　　　　　　　　　（　　）

3.【判断题】会签栏是指工程图样上由各工种负责人填写所代表的有关专业、姓名、日期等内容的表格。会签栏中应有签名列。　　　　　　　　　　　（　　）

4.【判断题】图样上的尺寸应包括尺寸界线、尺寸线、尺寸起止符号和尺寸数字四个要素。　　　　　　　　　　　　　　　　　　　　　　　　　　（　　）

5.【单选题】按照内容和作用不同，下列不属于房屋建筑施工图分类的是（　　）。

A. 建筑施工图　　　　　　　　　　B. 结构施工图
C. 设备施工图　　　　　　　　　　D. 系统施工图

6.【单选题】下列关于房屋建筑施工图的作用的说法中，不正确的是（　　）。

A. 建筑施工图主要作为定位放线、砌筑墙体、安装门窗、装修的依据

B. 结构施工图是施工放线、开挖基坑（槽）、施工承重构件（如梁、板、墙、基础、楼梯等）的主要依据

C. 结构施工图一般包括结构设计说明、结构平面布置图、结构立面布置图和结构详图

D. 建筑平面图、建筑立面图和建筑剖面图是建筑施工图中最重要、最基本的图样

7.【单选题】下列关于房屋建筑施工图的图示特点和制图有关规定的说法中，错误的是（　　）。

A. 由于房屋形体较大，施工图一般都用较小比例绘制，但对于其中需要表达清楚的节点、剖面等部位，可以选择用原尺寸的详图来绘制

B. 施工图中的各图样用正投影法绘制

C. 房屋建筑的构配件和材料种类繁多，为作图简便，国家标准采用一系列图例来代表建筑构配件、卫生设备、建筑材料等

D. 普通砖使用的图例可以用来表示实心砖、多孔砖、砌块等砌体

8.【单选题】下列关于图纸幅面的基本规定的说法中，错误的是（　　）。

A. 图纸的短边不应加长，A1～A3幅面长边尺寸可加长

B. 图纸中应有图框线、标题栏、装订边线和对中标志

C. 图标长边的长度至少为200mm，短边的长度宜采用30mm、40mm或50mm

D. 一般A0～A3幅面的图纸宜采用横式幅面，也可采用立式幅面；A4幅面的图纸宜采用立式幅面

9.【单选题】标准规格下，A1幅面的图纸尺寸是（　　）。

A. 841mm×1189mm　　　　　　　B. 594mm×841mm
C. 420mm×594mm　　　　　　　　D. 297mm×420mm

10.【多选题】下图所示材料图例，正确的是（　　）。

A.混凝土　　　　B.钢筋混凝土　　　　C.夯实土壤

D.自然土壤　　　　E.普通砖

11.【多选题】下列关于尺寸标注形式的基本规定中，正确的是（　　）。

A. 半圆或小于半圆的圆弧应标注半径，圆及大于半圆的圆弧应标注直径

B. 在圆内标注的直径尺寸线可不通过圆心，只需两端画箭头指至圆弧，较小圆直径尺寸可标注在圆外

C. 标注坡度时，在坡度数字下应加注坡度符号，坡度符号为单面箭头，一般指向下坡方向

D. 我国把青岛市外的黄海海平面作为零点所测定的高度尺寸称为绝对标高

E. 施工图中一般注写到小数点后两位即可

12.【多选题】下列关于标高的表述中，正确的是（　　）。

A. 标高是表示建筑的地面或某一部位的高度

B. 标高分为相对标高和绝对标高两种

C. 我国把青岛市外的黄海海平面作为相对标高的零点

D. 房屋建筑中，建筑物的高度用标高表示

E. 标高就是建筑物的高度

【答案】1. √；2. √；3. ×；4. √；5. D；6. C；7. A；8. A；9. B；10. ABE；11. ACD；12. ABD

第二节　施工图的图示方法及内容

考点 23：建筑施工图的图示方法及内容●

教材点睛　教材 P48～P54

1. 建筑总平面图

（1）建筑总平面图的图示方法：是新建房屋所在地域的一定范围内的水平投影图。

（2）总平面图的图示主要内容及作用

1）新建建筑物的定位：①按原有建筑物或原有道路定位；②按测量坐标或建筑坐标定位。

2）标高：在总平面图中，标高以"米"为单位，并保留至小数点后两位。

3）指北针或风玫瑰图：用来确定新建房屋的朝向。

4）建筑红线：是各地方自然资源部门提供给建设单位的土地使用范围，任何建筑物在设计和施工中均不能超过此线。

2. 建筑平面图

（1）建筑平面图的图示方法：相当于建筑物的水平剖面图，反映建筑物内各层的布置情况；被剖切到的墙、柱断面轮廓线用粗实线画出，其余可见的轮廓线用中实线或细实线画出，尺寸标注和标高符号均用细实线画出，定位轴线用细单点长画线绘制。砖墙一般不画图例，钢筋混凝土的柱和墙的断面通常涂黑表示。

（2）建筑平面图的图示内容【详见 P50～P51】。

3. 建筑立面图

（1）建筑立面图的图示方法：建筑物主要外墙面的正投影图（立面图），一般按朝向＋立面图两端轴线编号命名；立面图的最外轮廓线为粗实线；建筑构件及门窗轮廓线用中粗实线画出；其余轮廓线均为细实线；地坪线为加粗实线。

（2）建筑立面图的图示内容【详见 P51～P52】。

4. 建筑剖面图

（1）建筑剖面图的图示方法：相当于建筑物的竖向剖面图，反映建筑物高度方向的结构形式；被剖切到的墙、板、梁等构件断面轮廓线用粗实线表示；没有被剖切到的轮廓线用细实线表示。

（2）建筑剖面图的图示内容【详见 P53～P54】。

5. 需要绘制建筑详图的部位： 包括内外墙节点、楼梯、电梯、厨房、卫生间、门窗、室内外装饰等。

巩固练习

1.【判断题】建筑总平面图是将拟建工程四周一定范围内的新建、拟建、原有和将拆除的建筑物、构筑物连同其周围的地形地物状况，用正投影方法画出的图样。　　（　　）

2.【判断题】建筑平面图中，凡是被剖切到的墙、柱断面轮廓线用粗实线画出，其余可见的轮廓线用中实线或细实线，尺寸标注和标高符号均用细实线，定位轴线用细单点长画线绘制。　　（　　）

3.【判断题】建筑平面图主要用来表达房屋的外部造型、门窗位置及形式、外墙面装修、阳台、雨篷等部位的材料和做法等。　　（　　）

4.【判断题】需要绘制详图或局部平面放大图的位置一般包括内外墙节点、楼梯、电梯、厨房、卫生间、门窗、室内外装饰等。　　（　　）

5.【单选题】下列关于房屋建筑施工图编排顺序的基本规定的说法中，错误的是（　　）。

A. 全局性的在前，局部性的在后

B. 先施工的在前，后施工的在后

C. 对于结构施工图，一般是图纸目录、结构设计说明、总平面图、结构平面图、结构立面图、各编号剖面图、构件详图

D. 对于设备施工图，一般是图纸目录、设计说明、平面图、剖面图、系统图、详图

6. 【单选题】下列关于建筑总平面图图示内容的说法中，正确的是(   )。

A. 新建建筑物的定位一般采用两种方法，一是按原有建筑物或原有道路定位，二是按坐标定位

B. 在总平面图中，标高以"米"为单位，并保留至小数点后三位

C. 新建房屋所在地区风向情况的示意图即为风玫瑰图，风玫瑰图不可用于表明房屋和地物的朝向情况

D. 临时建筑物在设计和施工中可以超过建筑红线

7. 【单选题】下列关于建筑立面图基本规定的说法中，正确的是(   )。

A. 建筑立面图中通常用粗实线表示立面图的最外轮廓线和地坪线

B. 立面图中用标高表示各主要部位的相对高度，如室内外地面标高、各层楼面标高及檐口高度

C. 立面图中的尺寸是表示建筑物高度方向的尺寸，一般用两道尺寸线表示，即建筑物总高和层高

D. 外墙面的装饰材料和做法一般应附相关的做法说明表

8. 【单选题】下列关于建筑剖面图和建筑详图基本规定的说法中，错误的是(   )。

A. 剖面图一般表示房屋在高度方向的结构形式

B. 建筑剖面图中，高度方向的尺寸包括总尺寸、内部尺寸和细部尺寸

C. 建筑剖面图中不能详细表示清楚的部位应引出索引符号，另用详图表示

D. 需要绘制详图或局部平面放大的位置一般包括内外墙节点、楼梯、电梯、厨房、卫生间、门窗、室内外装饰等

9. 【多选题】下列有关建筑平面图图示内容的表述中，错误的是(   )。

A. 定位轴线的编号宜标注在图样的下方与右侧，横向编号应用阿拉伯数字，从左至右顺序编写，竖向编号应用大写拉丁字母，从上至下顺序编写

B. 对于隐蔽的或者在剖切面以上部位的内容，应以虚线表示

C. 建筑平面图上的外部尺寸在水平方向和竖直方向各标注三道尺寸

D. 平面图上所标注的标高均应为绝对标高

E. 屋面平面图一般内容有女儿墙、檐沟、屋面坡度、分水线与落水口、变形缝、楼梯间、水箱间、天窗、上人孔、消防梯以及其他构筑物、索引符号等

10. 【多选题】下图所示门窗图例中，正确的是(   )。

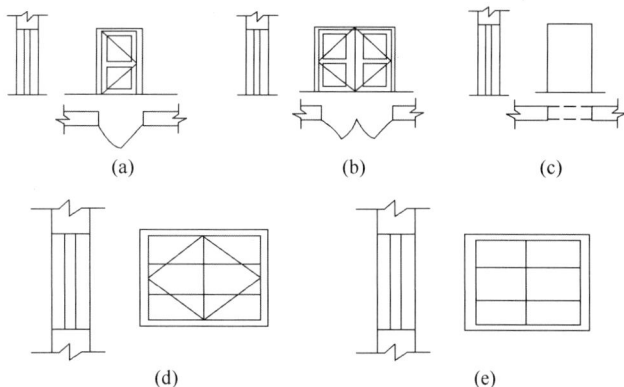

(a)　　　　　　(b)　　　　　　(c)

(d)　　　　　　(e)

A. （a）为单扇双面弹簧门　　　　B. （b）为双扇门

C. （c）为空门洞　　　　　　　　D. （d）为单扇外开平开窗

E. （e）为单扇固定窗

【答案】1. ×；2. √；3. ×；4. √；5. C；6. A；7. B；8. B；9. AD；10. BCDE

考点24：结构施工图、设备施工图的图示方法及内容●

教材点睛 教材 P55～P67

1. 结构施工图的组成：包括结构设计说明、基础图、结构平面布置图、结构详图等图样。

（1）结构设计说明：包括设计依据，工程概况，自然条件，选用材料的类型、规格、强度等级，构造要求，施工注意事项，选用的标准图集等。

（2）基础图：是建筑物正负零标高以下的结构图，包括基础平面图和基础详图，是施工放线、开挖基槽（坑）、基础施工、计算基础工程量的依据。

（3）结构平面布置图：主要表示结构构件的位置、数量、型号及相互关系。

（4）结构详图：是构件制作、安装的依据，包括梁、板、柱等构件详图，楼梯详图，屋架详图，模板、支撑、预埋件详图以及构件标准图等。

2. 结构平面布置图

结构平面布置图的图示方法：相当于建筑物结构的水平剖面图，主要表示各楼层结构构件的平面布置情况，以及构件的构造、配筋情况及构件之间的结构关系。对于承重构件布置相同的楼层，可统一绘制标准层结构平面布置图。

3. 混凝土结构平法施工图的制图规则

（1）混凝土结构平法施工图的特点：是将结构构件的尺寸和配筋，按照平面整体表示方法制图规则，整体直接表达在结构平面布置图上，再与标准构造详图配合，构成一套新型完整的结构设计图纸。

（2）混凝土结构平法施工图的制图规则和构造详图参见《混凝土结构施工图平面整体表示方法制图规则和构造详图》22G101 系列图集。

4. 设备施工图

（1）建筑给水排水施工图：主要包括设计说明及主要材料设备表、给水排水平面图、给水排水系统图、给水排水系统原理图、详图（管道节点、水表、过墙套管、卫生器具等的安装详图以及卫生间大样详图）。

（2）建筑电气施工图：包括设计说明、主要材料设备表、建筑电气系统图、建筑电气平面图（电气照明平面图和动力平面图）、详图（电气工程详图和标准图）。

巩固练习

1.【单选题】下列关于基础图的图示方法及内容的基本规定的说法中，有误的是（　　）。

A. 基础平面图是假想用一个水平剖切平面在室内地面处剖切建筑，并移去基础周围的土层，向下投影所得到的图样

B. 在基础平面图中，只需画出基础墙、柱及基础底面的轮廓线，基础的细部轮廓可省略不画

C. 基础详图中标注基础各部分的详细尺寸即可

D. 基础详图的轮廓线用中实线表示，断面内应画出材料图例

2.【单选题】下图为某钢筋混凝土梁配筋图（部分），其中①号钢筋为(　　　)。

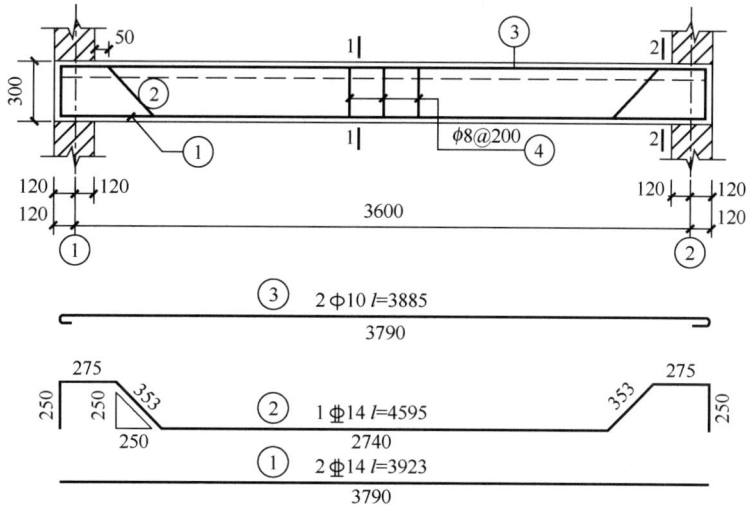

A. 2 根直径 14mmHRB335 钢筋　　　　B. 2 根直径 14mmHRB400 钢筋

C. 2 根直径 14mmHRB500 钢筋　　　　D. 2 根直径 14mmHPB300 钢筋

3.【单选题】下图为某钢筋混凝土梁配筋图（部分），其中②号钢筋为(　　　)。

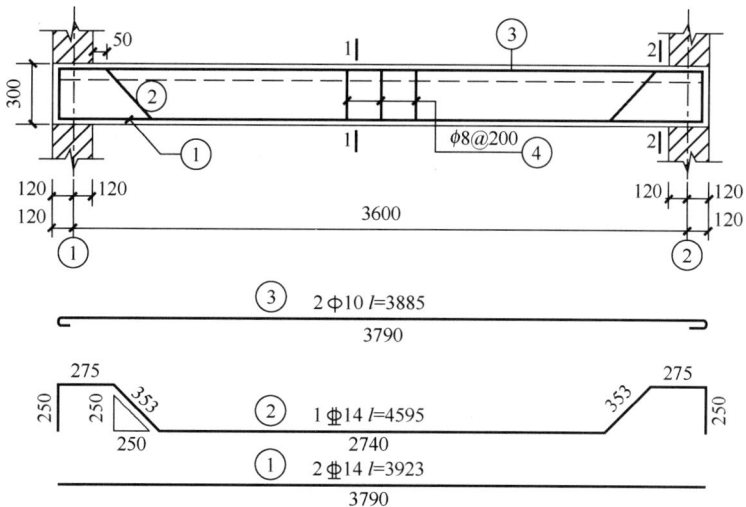

A. 1 根直径 14mmHRB335 钢筋　　　　B. 1 根直径 14mmHRB400 钢筋

C. 1 根直径 14mmHRB500 钢筋　　　　D. 1 根直径 14mmHPB300 钢筋

4. 【单选题】下列关于楼梯结构施工图基本规定的说法中，有误的是(　　)。

A. 楼梯结构平面图应直接绘制出休息平台板的配筋

B. 楼梯结构施工图包括楼梯结构平面图、楼梯结构剖面图和构件详图

C. 钢筋混凝土楼梯的可见轮廓线用细实线表示，不可见轮廓线用细虚线表示

D. 当楼梯结构剖面图比例较大时，也可直接在楼梯结构剖面图上表示梯段板的配筋

5. 【多选题】下列关于设备施工图的说法中，正确的是(　　)。

A. 建筑给水排水施工图中，凡平面图、系统图中局部构造因受图面比例影响而表达不完善或无法表达的，必须绘制施工详图

B. 建筑电气系统图是电气照明施工图中的基本图样

C. 建筑电气施工图的详图包括电气工程基本图和标准图

D. 电气系统图一般用单线绘制，且画为粗实线，并按规定格式标出各段导线的数量和规格

E. 在电气施工图中，通常采用与建筑施工图相统一的相对标高，或者用相对于本层楼地面的相对标高

6. 【多选题】建筑给水排水施工图中，下列关于管径标注方法的表述，正确的是(　　)。

A. 水煤气输送钢管（镀锌或非镀锌）、铸铁管等管材，管径宜以公称直径 DN 表示，如 $DN25$ 表示公称直径为 25mm

B. 无缝钢管、焊接钢管（直缝或螺旋缝）、铜管、不锈钢管等管材，管径以外径 $D\times$ 壁厚表示，如 $D159\times4$ 表示管道外径 159mm，壁厚 4mm

C. 塑料管材，管径宜以公称直径 DN 表示，如 $DN25$ 表示公称直径为 25mm

D. 无缝钢管、焊接钢管（直缝或螺旋缝）、铜管、不锈钢管等管材，管径宜以公称直径 DN 表示，如 $DN25$ 表示公称直径为 25mm

E. 水煤气输送钢管（镀锌或非镀锌）、铸铁管等管材，管径以外径 $D\times$ 壁厚表示，如 $D159\times4$ 表示管道外径 159mm，壁厚 4mm

7. 【多选题】下图为某办公楼底层照明平面图（局部），表示(　　)。

A. 该房间有 4 组荧光灯　　　　　　　B. 每组荧光灯由一根 36W 灯管组成

C. 吸顶安装　　　　　　　　　　　　D. 安装高度 3.0m

E. 吊链吊装

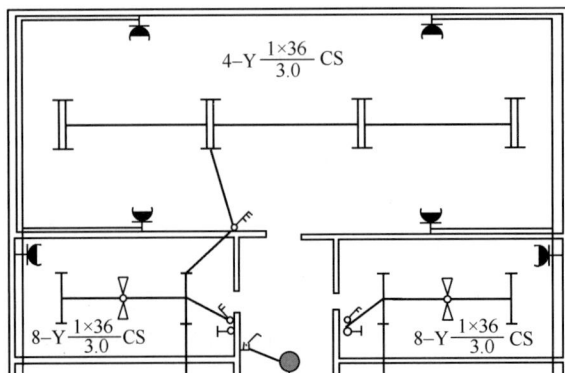

8. 【多选题】下图为某办公楼底层照明平面图（局部），表示(   )。

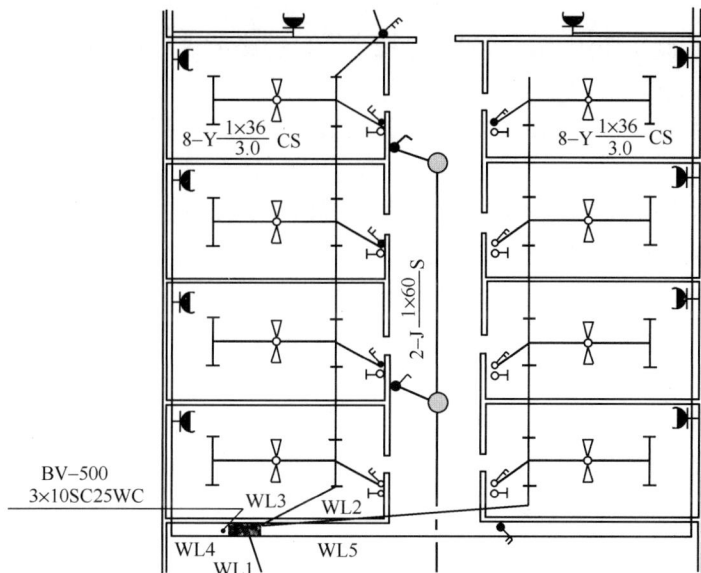

A. 每个房间有 8 组荧光灯

B. 每组荧光灯由一根 36W 灯管组成

C. 吸顶安装

D. 安装高度 3.0m

E. 每个房间有 1 组荧光灯

【答案】1. C；2. B；3. B；4. A；5. ADE；6. AB；7. ABD；8. BDE

第三节 施 工 图 的 识 读

考点 25：施工图识读

教材点睛 教材 P67～P68

1. 施工图识读方法

（1）总揽全局：首先阅读建筑施工图，建立起建筑物的轮廓概念；其次阅读结构施工图目录，对图样数量和类型做到心中有数；再次阅读结构设计说明，了解工程概况及所采用的标准图等；最后粗读结构平面图，了解构件类型、数量和位置。

（2）循序渐进：根据投影关系、构造特点和图纸顺序，从前往后、从上往下、从左往右、由外向内、由大到小、由粗到细反复阅读。

（3）相互对照：识读施工图时，应当图样与说明对照看，建筑施工图、结构施工图、设备施工图对照看，基本图与详图对照看。

（4）重点细读：以不同工种身份，有重点地细读施工图，掌握施工必需的重要信息。

2. 施工图识读步骤：阅读图纸目录→阅读设计总说明→通读图纸→精读图纸。

1.【判断题】施工图识读方法包括总揽全局、循序渐进、相互对照、重点细读四个部分。 （　　）

2.【判断题】识读施工图的一般顺序：阅读图纸目录→阅读设计总说明→通读图纸→精读图纸。 （　　）

3.【单选题】下列关于施工图识读方法的说法中，正确的是（　　）。

A. 先阅读结构施工图目录

B. 先阅读结构设计说明

C. 先粗读结构平面图，了解构件类型、数量和位置

D. 先阅读建筑施工图

4.【多选题】下列关于施工图绘制基本规定的说法中，错误的是（　　）。

A. 绘制建筑施工图的一般步骤：平面图→立面图→剖面图→详图

B. 绘制结构施工图的一般步骤：基础平面图→基础详图→结构平面布置图→结构详图

C. 结构平面图用中实线表示剖切到或可见构件轮廓线，用中虚线表示不可见构件轮廓线，门窗洞也需画出

D. 在结构平面图中，不同规格的分布筋也应画出

E. 建筑立面图应从平面图中引出立面的长度，从剖面图中量出立面的高度及各部位的相应位置

【答案】1. √；2. √；3. D；4. CD

第四章 建筑施工技术

第一节 地基与基础工程

考点 26：基坑（槽）开挖、支护及回填方法

教材点睛 教材 P69～P71

1. 基坑（槽）开挖

（1）施工工艺流程：测量放线→切线分层开挖→排水、降水→修坡→平整→验槽。

（2）在地下水位以下挖土时，应在基坑（槽）四周挖好临时排水沟和集水井，或采用井点降水，将水位降低至坑（槽）底以下 500mm，方可开挖。

（3）基坑开挖时，应对平面控制桩、水准点、基坑平面位置、水平标高、边坡坡度等经常复测检查。

（4）采用机械开挖基坑时，为避免地基扰动，在基底标高以上预留 15～30cm 厚的土层由人工挖掘修整。

（5）基坑挖完后进行验槽，当发现地基土质与地质勘探报告不符时，应及时与有关人员研究处理。

2. 基坑支护

（1）钢板桩支护施工：具有施工速度快、可重复使用的特点。常用材料有 U 形、Z 形、直腹板式、H 形和组合式钢板桩。常用施工机械有自由落锤、气动锤、柴油锤、振动锤。

（2）水泥土桩墙施工：将地基软土和水泥强制搅拌形成水泥土，利用水泥和软土之间产生的物理化学反应，使软土硬化成整体性的并有一定强度的挡土、防渗墙。

（3）地下连续墙施工：用特制的挖槽机械，在泥浆护壁下开挖一个单元槽段的沟槽，清底后放入钢筋笼，用导管浇筑混凝土至设计标高，如此逐段施工，用特制的接头将各段连接起来，形成连续的钢筋混凝土墙体。地下连续墙可用作支护结构，同时还可用作建筑物的承重结构。

3. 土方回填压实

（1）施工工艺流程：填方土料处理→基底处理→分层回填压实→回填土试验检验合格后继续回填。

（2）土料要求与含水量控制：常用土料有符合压实要求的黏性土、碎石类土、砂土和爆破石渣，淤泥和淤泥质土不能用作填料。土料含水量一般以手握成团、落地开花为适宜。

（3）基底处理：清除基底上垃圾、草皮、树根，排除坑穴中积水、淤泥和杂物。

（4）回填土压实操作：采用分层铺填。

巩固练习

1. 【判断题】普通土的现场鉴别方法为用镐挖掘。 （ ）

2. 【判断题】坚石和特坚石的现场鉴别方法都可以用爆破方法。 （ ）

3. 【判断题】岩土的工程分类中，第五类是次坚石。 （ ）

4. 【判断题】基坑开挖时，应对平面控制桩、水准点、基坑平面位置、水平标高、边坡坡度等经常复测检查。 （ ）

5. 【单选题】下列岩土的工程分类中，除（　　）之外，均为岩石。

A. 软石
B. 砂砾坚土

C. 坚石
D. 特坚石

6. 【单选题】下列关于基坑（槽）开挖施工工艺的说法中，正确的是（　　）。

A. 采用机械开挖基坑时，为避免破坏基底土，应在标高以上预留 15～50cm 的土层由人工挖掘修整

B. 基坑采用井点降水，将水位降低至坑（槽）底以下 500mm，以利土方开挖

C. 雨期施工时，基坑（槽）需全段开挖，尽快完成

D. 当基坑挖好后不能立即进行下道工序时，应预留 30cm 的土不挖，待下道工序开始再挖至设计标高

7. 【单选题】应在基坑（槽）四侧或两侧挖好临时排水沟和集水井，或采用井点降水，将水位降低至坑（槽）底以下（　　），以利土方开挖。

A. 600mm
B. 500mm

C. 400mm
D. 300mm

8. 【单选题】下列不属于常用钢板桩的是（　　）。

A. U 形钢板桩
B. Z 形钢板桩

C. 直腹板式钢板桩
D. 非组合式钢板桩

9. 【单选题】当打夯机械夯实填土时，每层铺土厚度最多不得超过（　　）。

A. 100mm
B. 250mm

C. 350mm
D. 500mm

10. 【多选题】下列关于土方回填压实的基本规定的说法中，正确的是（　　）。

A. 碎石类土、砂土和爆破石渣（粒径不大于每层铺土厚度的 2/3）可作各层填料

B. 人工填土每层虚铺厚度，用人工木夯夯实时不大于 25cm，用打夯机械夯实时不大于 30cm

C. 铺土应分层进行，每次铺土厚度不大于 30～50cm（视所用压实机械的要求而定）

D. 当填方基底为耕植土或松土时，应将基底充分夯实和碾压密实

E. 机械填土时，填土程序一般尽量采取横向或纵向分层卸土，以利行驶时初步压实

【答案】1. ×；2. √；3. ×；4. √；5. B；6. B；7. B；8. D；9. B；10. CDE

第二节 砌 体 工 程

考点 27：砌体工程★●

教材点睛 教材 P71～P74

1. 砌体工程的类型：包括砖砌体、石砌体、砌块砌体、配筋砌体。

2. 砖砌体施工要点

（1）找平、放线：砌筑前，在基础防潮层或楼面上先用水泥砂浆或细石混凝土找平，然后在龙门板上以定位钉为标志，弹出墙的轴线、边线，定出门窗洞口位置。

（2）摆砖：校对放出的墨线在门窗洞口、附墙垛等处是否符合砖的模数，以尽可能减少砍砖，并使砌体灰缝均匀（砖缝 10mm），组砌得当。

（3）立皮数杆：一般立于房屋的四大角、内外墙交接处、楼梯间以及洞口等部位，间距 10～15m。皮数杆应有两个方向斜撑或锚钉加以固定，每次砌砖前应用水准仪校正标高，检查皮数杆的垂直度和牢固程度。

（4）盘角、砌筑：盘角时主要大角不宜超过 5 皮砖，且应随砌随盘，做到"三皮一吊，五皮一靠"，对照皮数杆检查无误后，才能挂线砌筑中间墙体。砌筑时要挂线砌筑，一砖墙单面挂线，一砖半以上砖墙宜双面挂线。

（5）清理、勾缝：砌筑完成后，应及时清理墙面和落地灰。墙面勾缝采用砌筑砂浆随砌随勾缝，灰缝深度 1cm，砌完整个墙体后，再用细砂拌制 1∶1.15 水泥砂浆勾缝。

（6）楼层轴线引测：根据龙门板上标注的轴线位置将轴线引测到房屋的外墙基上，二层以上各层墙的轴线，可用经纬仪或锤球引测到楼层上，同时根据图轴线尺寸用钢尺进行校核。

（7）楼层标高的控制方法：一种采用皮数杆控制，另一种在墙角两点弹出 50 水平线进行控制。

3. 砌块砌体施工要点

（1）基层处理：清理砌筑基层，用砂浆找平，拉线，用水平尺检查其平整度。

（2）砌底部实心砖：在砌第一皮加气砖前，应用实心砖砌筑，高度宜不小于 200mm。

（3）拉准线、铺灰、依准线砌筑：灰缝厚度宜为 15mm，灰缝要求横平竖直，水平灰缝应饱满；竖缝采用挤浆和加浆方法，不得出现透明缝，严禁用水冲洗灌缝。

（4）埋墙拉筋：与钢筋混凝土柱（墙）的连接，采取在混凝土柱（墙）上打入 $2\phi6$ @500 的膨胀螺栓，然后在膨胀螺栓上焊接 $\phi6$ 的钢筋，埋入加气砖墙体 1000mm。

（5）砌块整砖砌至梁底，待一周后，采用灰砂砖斜砌顶紧。

4. 毛石砌体施工要点

（1）砂浆用水泥砂浆或水泥混合砂浆，一般用铺浆法砌筑，灰缝厚度应符合要求，且砂浆饱满。毛料石和粗料石砌体的灰缝厚度不宜大于 20mm，细料石砌体的灰缝厚度不宜大于 5mm。

（2）毛石砌体宜分皮卧砌，且按内外搭接，上下错缝，拉结石、丁砌石交错设置的原则组砌，不得采用外面侧立石块，中间填心的砌筑方法。每日砌筑高度不宜超过 1.2m，在转角处及交接处应同时砌筑或留斜槎。

（3）外观要求整齐的毛石墙面，外皮石材需适当加工。毛石墙的第一皮及转角、交接处和洞口处，及每个楼层砌体最上一皮，应用料石或较大的平毛石砌筑。

（4）平毛石砌筑，第一皮大面向下，以后各皮上下错缝内外搭接，墙中不应放铲口石和全部对合石，毛石墙必须设置拉结石，拉结石应均匀分布相互错开，每 0.7m² 墙面至少设置一块，且同皮内的中距不大于 2m。

（5）毛石挡土墙一般按 3～4 皮为一个分层高度砌筑，每砌一个分层高度应找平一次；毛石挡土墙外露面灰缝厚度不得大于 40mm，两个分层高度间分层处的错缝不得小于 80mm；对于中间毛石砌筑的料石挡土墙，丁砌料石应深入中间毛石部分的长度不应小于 200mm；挡土墙的泄水孔若无设计规定，应按每米高度上间隔 2m 设置一个。

巩固练习

1.【判断题】根据砌筑主体的不同，砌体工程可分为砖砌体工程、砌块砌体工程、配筋砌体工程。　　　　　　　　　　　　　　　　　　　　　　　　　　　　（　　）

2.【判断题】常用的石砌体有料石砌体、毛石砌体、毛石混凝土砌体。　（　　）

3.【判断题】砌筑盘角时主要大角不宜超过 5 皮砖，且应随砌随盘。　（　　）

4.【单选题】下列不属于按砌筑主体不同分类的砌体工程的是（　　　）。

A. 砖砌体工程　　　　　　　　　　　　B. 砌块砌体工程

C. 石砌体工程　　　　　　　　　　　　D. 混凝土砌体工程

5.【单选题】下列关于砖砌体的施工工艺过程，正确的是（　　　）。

A. 找平、放线、摆砖样、盘角、立皮数杆、砌筑、勾缝、清理、楼层标高控制、楼层轴线标引等

B. 找平、放线、摆砖样、立皮数杆、盘角、砌筑、清理、勾缝、楼层轴线标引、楼层标高控制等

C. 找平、放线、摆砖样、立皮数杆、盘角、砌筑、勾缝、清理、楼层轴线标引、楼层标高控制等

D. 找平、放线、立皮数杆、摆砖样、盘角、挂线、砌筑、勾缝、清理、楼层标高控制、楼层轴线标引等

6.【单选题】下列关于砌块砌体施工工艺的基本规定中，错误的是（　　　）。

A. 灰缝厚度宜为 15mm

B. 灰缝要求横平竖直，水平灰缝应饱满，竖缝采用挤浆和加浆方法，严禁用水冲洗清理灌缝

C. 在墙体底部，在砌第一皮加气砖前，应用实心砖砌筑，其高度宜不小于 200mm

D. 与梁的接触处待加气砖砌完 14d 后采用灰砂砖斜砌顶紧

7.【单选题】与梁的接触处待加气砖砌完（　　　）星期后采用灰砂砖斜砌顶紧。

A. 1   B. 2   C. 3   D. 4

8.【单选题】下列关于毛石砌体施工工艺的基本规定中，有误的是(　　)。

A. 毛石料和粗石料砌体的灰缝厚度不宜大于10mm，细石料砌体的灰缝厚度不宜小于10mm

B. 施工工艺流程：施工准备→试排撂底→砌筑毛石（同时搅拌砂浆）→勾缝→检验评定

C. 每日砌筑高度不宜超过1.2m，在转角处及交接处应同时砌筑，如不能同时砌筑，应留斜槎

D. 毛石挡土墙一般按3～4皮为一个分层高度砌筑，每砌一个分层高度应找平一次

9.【多选题】下列关于砖砌体的施工工艺的基本规定中，正确的是(　　)。

A. 皮数杆一般立于房屋的四大角、内外墙交接处、楼梯间以及洞口多的洞口，可每隔5～10m立一根

B. 一般在房屋外纵墙方向摆顺砖，在山墙方向摆丁砖，砖与砖留10mm缝隙

C. 盘角时主要大角不宜超过5皮砖，且应随砌随盘，做到"三皮一吊，五皮一靠"

D. 各层标高除立皮数杆控制外，还可弹出室内水平线进行控制

E. 加浆勾缝系指在砌筑几皮砖以后，先在灰缝处划出2cm深的灰槽

10.【多选题】下列关于毛石砌体和砌块砌体施工工艺的基本规定中，有误的是(　　)。

A. 毛石墙砌筑时，墙角部分纵横宽度至少为0.8m

B. 对于中间毛石砌筑的料石挡土墙，丁砌料石深入中间毛石部分的长度不应小于200mm

C. 毛石墙必须设置拉结石，拉结石应均匀分布，相互错开，一般每0.5m² 墙面至少设置一块，且同皮内的中距不大于2m

D. 砌块砌体施工工艺流程：基层处理→测量墙中线→弹墙边线→砌底部实心砖→立皮数杆→拉准线、铺灰、依准线砌筑→埋墙拉筋→梁下、墙顶斜砖砌筑

E. 砌块砌体的埋墙拉筋应与钢筋混凝土柱（墙）连接，采取在混凝土柱（墙）上打入2φ6 @1000的膨胀螺栓

【答案】1.×；2.√；3.√；4.D；5.B；6.D；7.A；8.A；9.BCD；10.CE

第三节　钢筋混凝土工程

考点28：常见模板种类★

教材点睛　教材 P74～P76

1. 组合式模板：具有通用性强、装拆方便、周转使用次数多等特点；常见形式有组合钢模板、钢框木（竹）胶合板模板两种。

2. 工具式模板：是针对工程结构构件的特点，研制开发的可持续周转使用的专用性模板，包括大模板、滑动模板、爬升模板、飞模、模壳等。

3. 永久性模板：也称一次性消耗模板，是在结构构件混凝土浇筑后模板不拆除，并构成构件受力或非受力的组成部分，包括压型钢板模板、预应力混凝土薄板模板。

考点 29：钢筋工程施工工艺★

1. 钢筋加工：包括除锈、调直、切断、弯曲成型等工序。加工质量须满足设计及规范要求。

2. 钢筋的连接

（1）钢筋连接的方法分为三类：绑扎搭接、焊接和机械连接。其中，受拉钢筋的直径大于 25mm 及受压钢筋的直径大于 28mm 时，不宜采用绑扎搭接方式。

（2）钢筋绑扎搭接连接施工要点：同一构件中相邻纵向受力钢筋的绑扎搭接接头宜相互错开；纵向受拉钢筋搭接长度不应小于 300mm，纵向受压钢筋搭接长度不应小于 200mm。

（3）钢筋焊接连接方法：钢筋电阻点焊、钢筋电弧焊、钢筋电渣压力焊。

（4）钢筋机械连接方法：套筒挤压连接、锥螺纹套筒连接、镦粗直螺纹套筒连接、滚压直螺纹套筒连接（直接滚压螺纹、压肋滚压螺纹、剥肋滚压螺纹）。

3. 钢筋安装施工

（1）钢筋绑扎准备

1）核对成品钢筋的钢号、直径、形状、尺寸和数量等是否与料单料牌相符。

2）准备绑扎用的钢丝（20~22 号）、绑扎工具、绑扎架、水泥砂浆垫块或塑料卡等辅助材料、工具。

3）划出钢筋位置线，制定绑扎形式复杂的结构部位的施工方案。

（2）基础钢筋绑扎施工要点

1）钢筋网的绑扎：单层网片及双层网片的下层网片，钢筋弯钩应朝上；双层网片的上层网片，钢筋弯钩朝下。钢筋交叉点应根据设计要求扎牢到位，注意相邻绑扎点铁丝扣成八字形布置。

2）双层钢筋网上下层之间应设置钢筋支撑，钢筋支撑间距 1m，钢筋直径根据设计板厚确定。

3）柱插筋位置要准确，固定牢固。

（3）柱钢筋绑扎施工要点

1）柱中的竖向钢筋搭接绑扎时，角部钢筋的弯钩应与模板成 45°（多边形柱为模板内角的平分角、圆形柱应与模板切线垂直）。中间钢筋的弯钩应与模板成 90°。

2）箍筋接头应交错布置在四角纵向钢筋上；箍筋转角与纵向钢筋交叉点均应扎牢，绑扣间成八字形。

3) 下层柱的钢筋露出楼面部分，宜用工具式柱箍收紧固定；当柱截面有变化时，其下层柱钢筋的露出部分，必须在绑扎梁的钢筋之前先行收缩准确。

4) 框架梁、牛腿及柱帽等钢筋，应放在柱的纵向钢筋内侧。

(4) 墙钢筋绑扎施工要点

1) 墙的垂直钢筋每段长度不宜超过 4m (直径小于等于 12mm) 或 6m (直径大于 12mm)，水平钢筋每段长度不宜超过 8m。

2) 墙的钢筋网绑扎同基础，钢筋的弯钩应朝向混凝土内。

3) 采用双层钢筋网时，在两层钢筋间应设置撑铁 ($\phi6\sim\phi10@1000$)，撑铁高度等于两层网片的净距。

(5) 梁、板钢筋绑扎施工要点

1) 单向受力板，应先铺设平行于短边方向的受力钢筋，后铺设平行于长边方向的分布钢筋；双向受力板，应先铺设平行于短边方向的受力钢筋，后铺设平行于长边方向的受力钢筋。

2) 板上部的负筋、主筋与分布钢筋的相交点必须全部绑扎，并垫上保护层垫块；双层钢筋时，两层钢筋之间应设撑铁，管线应在负筋绑扎前预埋。

3) 板、次梁与主梁交叉处，板的钢筋在上，次梁的钢筋居中，主梁的钢筋在下；当有圈梁或垫梁时，主梁的钢筋在上。

4) 板上部负筋，双层钢筋上部钢筋，雨篷、挑檐、阳台等悬臂板钢筋，应采取防踩踏措施进行保护。

(6) 植筋施工：在钢筋混凝土结构上钻孔，注入胶粘剂，植入钢筋，待其固化。植筋效果等同预埋筋。

巩固练习

1.【判断题】爬升模板是综合大模板与滑动模板工艺和特点的一种模板工艺，具有大模板和滑动模板共同的优点。 (   )

2.【判断题】HPB300 级钢筋末端应作 180°弯钩，其弯弧内直径不应小于钢筋直径的 3 倍。 (   )

3.【判断题】钢筋作不大于 90°的弯折时，弯折处的弯弧内直径不应小于钢筋直径的 5 倍。 (   )

4.【判断题】当受拉钢筋的直径大于 22mm 及受压钢筋的直径大于 25mm 时，不宜采用绑扎搭接接头。 (   )

5.【判断题】柱钢筋绑扎的施工工艺流程：调整插筋位置，套入箍筋→立柱子四个角的主筋→立柱内其余主筋→绑扎钢筋接头→将主骨架钢筋绑扎成形。 (   )

6.【判断题】板、次梁与主梁交叉处，当有圈梁或垫梁时，主梁的钢筋在下。 (   )

7.【单选题】下列不属于组合式模板的是(   )。

A. 平面模板   B. 阴角模板

C. 阳角模板   D. 滑动模板

8. 【单选题】下列关于常见模板的种类、特性的基本规定，错误的是( )。

A. 常见模板的种类有组合式模板、工具式模板两大类

B. 爬升模板适用于现浇钢筋混凝土竖向（或倾斜）结构

C. 飞模适用于小开间、小柱网、小进深的钢筋混凝土楼盖施工

D. 组合式模板可事先按设计要求组拼成梁、柱、墙、楼板的大型模板，整体吊装就位，也可采用散支散拆方法

9. 【单选题】下列关于钢筋连接的基本规定，错误的是( )。

A. 钢筋的连接可分为绑扎连接、焊接和机械连接三种

B. 在任何情况下，纵向受拉钢筋绑扎搭接接头的搭设长度不应小于 300mm，纵向受压钢筋的搭接长度不应小于 200mm

C. 钢筋机械连接有钢筋套筒挤压连接、钢筋锥螺纹套筒连接、钢筋镦粗直螺纹套筒连接、钢筋滚压直螺纹套筒连接

D. 当受拉钢筋的直径大于 22mm 及受压钢筋的直径大于 25mm 时，不宜采用绑扎搭接接头

10. 【单选题】下列关于钢筋安装的基本规定，正确的是( )。

A. 钢筋绑扎用的 22 号钢丝只用于绑扎直径 14mm 以下的钢筋

B. 基础底板采用双层钢筋网时，在上层钢筋网下面每隔 1.5m 放置一个钢筋撑脚

C. 基础钢筋绑扎的施工工艺流程：清理垫层、画线→摆放下层钢筋，并固定绑扎→摆放钢筋撑脚（双层钢筋时）→绑扎柱墙预留钢筋→绑扎上层钢筋

D. 控制混凝土保护层用的水泥砂浆垫块或塑料卡的厚度应等于保护层厚度

11. 【多选题】下列关于模板安装与拆除的基本规定中，正确的是( )。

A. 同一条拼缝上的 U 形卡，不宜向同一方向卡紧

B. 钢楞宜采用整根杆件，接头宜错开设置，搭接长度不应小于 300mm

C. 模板支设时，采用预组拼方法，可以加快施工速度，提高工效和模板的安装质量，但必须具备相适应的吊装设备和较大的拼装场地

D. 模板拆除时，当混凝土强度大于 $1.2N/mm^2$ 时，应先拆除侧面模板，再拆除承重模板

E. 模板拆除应遵循先支后拆，先非承重部位，后承重部位以及自上而下的原则

12. 【多选题】下列属于钢筋加工的是( )。

A. 钢筋除锈   B. 钢筋调直

C. 钢筋切断   D. 钢筋冷拉

E. 钢筋弯曲成型

13. 【多选题】下列关于柱钢筋和板钢筋绑扎的施工工艺的规定中，正确的是( )。

A. 柱钢筋绑扎中，箍筋的接头应交错布置在四角纵向钢筋上，箍筋转角与纵向钢筋交叉点均应扎牢

B. 板钢筋绑扎中板、次梁与主梁交叉处，板的钢筋在上，次梁的钢筋居中。主梁的钢筋一直在下侧

C. 板钢筋绑扎的施工工艺流程：清理垫层、划线→摆放下层钢筋，并固定绑扎→摆放钢筋撑脚（双层钢筋时）→安装管线→绑扎上层钢筋

D. 对于双向受力板，应先铺设平行于短边方向的受力钢筋，后铺设平行于长边方向的受力钢筋

E. 板上部的负筋、主筋与分布钢筋的交叉点应相隔交错扎牢，并垫上保护层垫块

【答案】1. √；2. ×；3. √；4. ×；5. ×；6. ×；7. D；8. C；9. D；10. D；11. ACE；12. ABCE；13. ACD

考点30：混凝土工程施工工艺★

教材点睛 教材P81～P82

1. 混凝土工程施工工艺流程：混凝土拌合料的制备→运输→浇筑→振捣→养护。

2. 混凝土拌合料的运输

（1）运输要求：能保持混凝土的均匀性，不离析、不漏浆；浇筑点坍落度检测符合设计配合比要求；应在混凝土初凝前浇入模板并捣实完毕；保证混凝土浇筑能连续进行。

（2）运输时间【详见P81表4-2】。

（3）运输方案及运输设备：多采用混凝土搅拌运输车运输；在工地内混凝土运输可选用"泵送"或"塔式起重机＋料斗"两种方式。

3. 混凝土浇筑施工要求

（1）基本要求

1）混凝土应连续作业，分层浇筑，分层捣实，但两层混凝土浇捣时间间隔不超过规范规定。

2）竖向结构混凝土前，应底部浇筑50～100mm厚、与混凝土内砂浆同配合比的水泥砂浆（接浆处理）；浇筑高度超过2m时，应采用溜槽或串筒下料。

3）浇筑过程应观察模板及其支架、钢筋、埋设件和预留孔洞的情况，当发现变形或位移时，应立即处理。

（2）混凝土振捣：根据结构特点选用适用的振捣机械振捣混凝土，尽快将拌合物中的空气振出。振捣机械按其作业方式可分为插入式振动器、表面振动器、附着式振动器和振动台。

4. 混凝土养护

（1）养护方法：自然养护（洒水养护、喷洒塑料薄膜养生液养护）、蒸汽养护、蓄热养护等。

（2）混凝土必须养护至其强度达到1.2MPa以上，方可上人作业。

巩固练习

1.【判断题】混凝土拌合料运到浇筑地点时应具有设计配合比所规定的坍落度。
（　　）

2.【判断题】混凝土必须养护至其强度达到1.2MPa以上，才可在上面行人和架设支架、安装模板。
（　　）

3.【单选题】下列关于钢筋混凝土扩展基础施工要点的基本规定，错误的是（　　）。

A. 混凝土宜分段分层灌注，每层厚度不超过 500mm

B. 混凝土自高处倾落高度超过 3m，应设料斗、漏斗、串筒、斜槽、溜管，以防止混凝土产生分层离析

C. 各层各段间应相互衔接，每段长 2～3m，使逐段逐层呈阶梯形推进

D. 混凝土应连续浇灌，以保证结构良好的整体性

4.【单选题】下列不属于混凝土工程施工内容的是（　　）。

A. 混凝土拌合料的制备　　　　　　　B. 混凝土拌合料的养护

C. 混凝土拌合料的强度测定　　　　　D. 混凝土拌合料的振捣

5.【单选题】下列关于混凝土拌合料运输过程中的一般要求，错误的是（　　）。

A. 保持其均匀性，不离析、不漏浆

B. 保证混凝土浇筑能连续进行

C. 运到浇筑地点时应具有设计配合比所规定的坍落度

D. 应在混凝土终凝前浇入模板并捣实完毕

6.【单选题】浇筑竖向结构混凝土前，应先在底部浇筑一层水泥砂浆，此处对砂浆的要求是（　　）。

A. 与混凝土内砂浆成分相同且强度高一级

B. 与混凝土内砂浆成分不同且强度高一级

C. 与混凝土内砂浆成分不同

D. 与混凝土内砂浆成分相同

7.【单选题】施工缝一般应留在构件（　　）部位。

A. 受压最小　　　　B. 受剪最小　　　　C. 受弯最小　　　　D. 受扭最小

8.【单选题】下列关于施工缝的说法，错误的是（　　）。

A. 在施工缝处继续浇筑混凝土时，混凝土抗压强度不小于 1.2MPa 时，方可进行

B. 施工缝处混凝土应细致捣实，使新旧混凝土紧密结合

C. 施工缝应留在结构受剪力较大且便于施工的部位

D. 柱子应留水平缝，梁、板和墙应留垂直缝

9.【单选题】对采用硅酸盐水泥、普通硅酸盐水泥或矿渣硅酸盐水泥拌制的混凝土，混凝土浇水养护的时间不得少于（　　）d。

A. 7　　　　　　　　B. 10　　　　　　　　C. 5　　　　　　　　D. 14

10.【多选题】下列关于混凝土浇筑的说法中，正确的是（　　）。

A. 混凝土的浇筑工作应连续进行

B. 混凝土应分层浇筑，分层捣实，但两层混凝土浇捣时间间隔不超过规范规定

C. 在竖向结构中，如浇筑高度超过 2m 时，应采用溜槽或串筒下料

D. 浇筑竖向结构混凝土前，应先在底部填筑一层 20～50mm 厚、与混凝土内砂浆成分相同的水泥砂浆

E. 浇筑过程应经常观察模板支架、钢筋、埋件和预留孔洞的情况，当发现有变形或位移时，应立即处理

【答案】1.√；2.√；3. B；4. C；5. D；6. D；7. B；8. C；9. A；10. ABE

第四节 钢 结 构 工 程

考点 31：钢结构工程●

> **教材点睛** 教材 P82～P85

1. 钢结构的连接方法

（1）焊接连接：常用方法有手工电弧焊、埋弧焊、气体保护焊。

（2）螺栓连接：常用方法有普通螺栓连接、高强度螺栓连接、自攻螺钉连接、铆钉连接。

2. 钢结构安装施工工艺要点

（1）吊装施工：吊点采用四点绑扎，绑扎点应用软材料垫保护；起吊时，先将钢构件吊离地面 50cm 左右对准安装位置中心，然后将钢构件吊至需连接位置，对准预留螺栓孔就位；将螺栓穿入孔内，初拧固定，垂直度校正后终拧螺栓固定。

（2）钢构件螺栓连接施工要点

1）钢构件拼装前应检查清除飞边、毛刺、焊接飞溅物等，摩擦面应保持干燥，不得在雨中作业。

2）根据设计要求复核螺栓的规格和螺栓号；将螺栓自由穿入孔内，不得强行敲打，不得气割扩孔。

3）应从螺栓群中央按顺序向外施拧，当天需终拧完毕；对于大型节点螺栓数量较多时，则需要增加一道复拧工序，复拧扭矩仍等于初拧的扭矩，以保证螺栓均达到初拧值。

4）施拧采用电动扭矩扳手，按拧紧力矩的 50% 进行初拧，然后按 100% 拧紧力矩进行终拧。拧紧时对螺母施加顺时针力矩，对梅花头施加逆时针力矩，终拧至栓杆端部断颈拧掉梅花头为止。

5）高强度螺栓上下接触面处加有 1/20 以上斜度时应采用垫圈垫平。高强度螺栓不得兼作安装螺栓。高强度螺栓孔必须采用机械钻孔，中心线倾斜度不得大于 2mm。

（3）钢构件焊接连接

1）焊接区表面及其周围 20mm 范围内，应彻底清除待焊处表面的氧化皮、锈、油污、水分等污物。

2）施焊前，焊工应复核焊接件的接头质量和焊接区域的坡口、间隙、钝边等的处理情况。

3）厚度 12mm 以下板材，可不开坡口；厚度较大板，需开坡口焊，一般采用手工打底焊。

4）多层焊时，一般每层焊高为 4～5mm；填充层总厚度低于母材表面 1～2mm，不得熔化坡口边；盖面层应使焊缝对坡口熔宽每边 3±1mm。

5）不应在焊缝以外的母材上打火引弧。

1. 【判断题】铆钉连接按照铆接应用情况，可以分为活动铆接、固定铆接、密缝铆接。 （ ）

2. 【判断题】高强度螺栓连接按受力机理分为摩擦型高强度螺栓和承压型高强度螺栓。 （ ）

3. 【判断题】钢结构吊点采用四点绑扎时，绑扎点应用软材料垫至其中，以防钢构件受损。 （ ）

4. 【单选题】钢结构的连接方法不包括（ ）。
   A. 绑扎连接
   B. 焊接
   C. 螺栓连接
   D. 铆钉连接

5. 【单选题】下列关于高强度螺栓的拧紧，说法错误的是（ ）。
   A. 高强度螺栓连接的拧紧应分为初拧、终拧
   B. 对于大型节点应分为初拧、复拧、终拧
   C. 复拧扭矩应大于初拧扭矩
   D. 扭剪型高强度螺栓拧紧时对螺母施加顺时针力矩

6. 【单选题】下列焊接方法中，不属于钢结构工程常用的是（ ）。
   A. 自动（半自动）埋弧焊
   B. 闪光对焊
   C. 药皮焊条手工电弧焊
   D. 气体保护焊

7. 【单选题】下列关于钢结构安装施工要点的说法中，正确的是（ ）。
   A. 钢构件拼装前应检查清除飞边、毛刺、焊接飞溅物，摩擦面应保持干燥、整洁，采取相应防护措施后，可在雨中作业
   B. 螺栓应能自由穿入孔内，不能自由穿入时，可采用气割扩孔
   C. 起吊时，先将钢构件吊离地面 50cm 左右，使钢构件中心对准安装位置中心
   D. 高强度螺栓可兼作安装螺栓

8. 【多选题】下列关于钢结构安装施工要点的说法中，错误的是（ ）。
   A. 起吊时，先将钢构件吊离地面 30cm 左右，使钢构件中心对准安装位置中心
   B. 高强度螺栓上下接触面处加有 1/15 以上斜度时应采用垫圈垫平
   C. 施焊前，焊工应检查焊接件的接头质量和焊接区域的坡口、间隙、钝边等的处理情况
   D. 厚度大于 12～20mm 的板材，单面焊后，背面清根，再进行焊接
   E. 焊道两端加引弧板和熄弧板，引弧和熄弧焊缝长度应大于或等于 150mm

【答案】1. √；2. √；3. √；4. A；5. C；6. B；7. C；8. ABE

第五节 防 水 工 程

考点 32：防水砂浆防水施工工艺

教材点睛 教材 P86～P87

1. 防水砂浆防水层属于刚性防水，分为刚性多层抹面水泥砂浆防水、掺防水剂水泥砂浆防水、聚合物水泥砂浆防水三种类型。

2. 常用防水剂分氯化物金属盐类和金属皂两类。防水剂掺量占水泥重量的 3％～5％。

3. 防水施工的环境温度为 5～35℃，且须在结构变形、沉降稳定后进行。为防止裂缝可在防水层内增设金属网片。

4. **基层处理**：清理干净表面、浇水湿润、补平表面蜂窝孔洞，使基层表面平整、坚实、粗糙，以增加防水层与基层间的粘结力。

5. 防水砂浆应分层施工，每层养护凝固或阴干后，方可进行下一层施工。

6. 防水砂浆防水层完工并待其强度达到要求后，应进行检查，以防水层不渗水为合格。

考点 33：防水混凝土施工工艺★

教材点睛 教材 P87～P88

1. 防水混凝土属于刚性防水。选材要求：水泥强度等级不低于 42.5MPa，水化热低，抗水性好，保水性好，有一定抗侵蚀性的水泥品种；粗骨料粒径 5～30mm 的碎石，平均粒径 0.4mm 的中砂。制备要求：水灰比不大于 0.6，坍落度不大于 50mm，水泥用量在 320～400kg/m³ 之间，砂率取 35％～40％。

2. **模板施工要求**：模板拼缝严密，保证不漏浆；贯穿墙体的对拉螺栓，要加止水片，拆模后沿混凝土结构边缘将螺栓割断，刷防锈漆。

3. **钢筋施工要求**：迎水面防水混凝土的钢筋保护层厚度大于 50mm；钢筋以及绑扎铁丝均不得接触模板；若采用铁马凳架设钢筋时，应在铁马凳上加焊止水环。

4. **混凝土施工要求**：严格分层连续浇筑，每层厚度不宜超过 300～400mm，机械振捣密实，浇筑自由落下高度不得超过 1.5m；在常温下，混凝土终凝后（一般浇筑后 4～6h），其表面覆盖草袋，浇水养护，防水混凝土养护时间不少于 14d；防水混凝土结构拆模时，结构表面与周围气温的温差不应过大（一般小于 15℃）。

5. **施工缝施工要求**：底板混凝土应连续浇筑，不得留施工缝；墙体一般只允许留水平施工缝，其位置一般宜留在高出底板上表面不小于 500mm 的墙身上，如必须留设垂直施工缝时，则应留在结构变形缝处；施工缝浇筑混凝土前，应将施工缝处混凝土凿毛，清除浮粒和杂物，用水清洗干净并保持湿润，再铺上一层厚 20～500mm 与混凝土成分相同的水泥砂浆。

考点 34：涂料防水工程施工工艺●

教材点睛 教材 P88~P90

1. 防水涂料防水层属于柔性防水层。常用的防水涂料有橡胶沥青类防水涂料、聚氨酯防水涂料、硅橡胶防水涂料、丙烯酸酯防水涂料、沥青类防水涂料等。

2. 找平层施工：有水泥砂浆找平层、沥青砂浆找平层、细石混凝土找平层三种。施工要求密实平整，找好坡度。找平的种类及施工要求【详见 P88~P89 表4-4】。

3. 防水层施工

（1）涂刷基层处理剂：涂刷时应用刷子用力薄涂，使涂料尽量刷进基层表面的毛细孔，并将基层可能留下的少量灰尘等无机杂质与基层牢固结合。

（2）涂刷防水涂料：施工方法有刮涂、刷涂和机械喷涂。

（3）铺设胎体增强材料：胎体增强材料可以是单一品种，也可以采用玻璃纤维布和聚酯纤维布混合使用。一般下层采用聚酯纤维布，上层采用玻璃纤维布。施工方法可采用湿铺法或干铺法铺贴。铺设位置在涂刷第二遍涂料时，或第三遍涂料涂刷前。

（4）收头处理：所有收头均应用密封材料压边，压边宽度不得小于 10mm，收头处的胎体增强材料应裁剪整齐，不得出现翘边、皱折、露白等现象。

4. 保护层种类：有水泥砂浆、泡沫塑料、细石混凝土和砖墙四种，施工要求不得损坏防水层。

考点 35：卷材防水工程施工工艺★

教材点睛 教材 P90~P91

1. 卷材防水材料：沥青防水卷材、高聚物改性沥青防水卷材。

2. 材料检验：防水卷材及配套材料应有产品合格证书和性能检测报告，材料进场后须进行材料复试。

3. 防水层施工要点

（1）找平层表面应坚固、洁净、干燥。

（2）基层处理剂应采用与卷材性能配套（相容）的材料，或采用同类涂料的底子油。

（3）铺贴高分子防水卷材时，切忌拉伸过紧，以免使卷材长期处在受拉应力状态，加速卷材老化。

（4）胶粘剂涂刷与粘合的间隔时间受胶粘剂本身性能、气温湿度影响，要根据试验、经验确定。

（5）卷材搭接缝结合面应清洗干净，均匀涂刷胶粘剂后，要控制好胶粘剂涂刷与粘合的间隔时间，粘合时要排净接缝间的空气，辊压粘牢。接缝口应采用宽度不小于 10mm 的密封材料封严，以确保防水层的整体防水性能。

1.【判断题】防水砂浆防水通过增加防水层厚度和提高砂浆层的密实性来达到防水要求。   （   ）

2.【判断题】防水混凝土的水灰比应尽可能大。   （   ）

3.【判断题】卷材防水应采用沥青防水卷材或高聚物改性沥青防水卷材。   （   ）

4.【单选题】下列关于防水工程的说法中，错误的是（   ）。

A. 防水混凝土多采用较大的水灰比，降低水泥用量和砂率，选用较小的骨料直径

B. 根据所用材料不同，防水工程可分为柔性防水和刚性防水

C. 按工程部位和用途，防水工程又可分为屋面防水工程、地下防水工程、楼地面防水工程

D. 防水砂浆防水通过增加防水层厚度和提高砂浆层的密实性来达到防水要求

5.【单选题】按照工程部位和用途，下列不属于防水工程三大类的是（   ）。

A. 屋面防水工程   B. 室外墙角防水工程

C. 地下防水工程   D. 楼地面防水工程

6.【单选题】下列关于防水砂浆防水层施工的说法中，正确的是（   ）。

A. 砂浆防水是分层分次施工，相互交替抹压密实的封闭防水整体

B. 背水面基层的防水层采用五层做法，迎水面基层的防水层采用四层做法

C. 防水层每层应连续施工，素灰层与砂浆层可不在同一天施工完毕

D. 揉浆既保护素灰层又起到防水作用，当揉浆难时，允许加水稀释

7.【单选题】下列关于掺防水剂水泥砂浆防水施工的说法中，错误的是（   ）。

A. 施工工艺流程：找平层施工→防水层施工→质量检查

B. 当施工采用抹压法时，先在基层涂刷一层 1：0.4 的水泥浆，随后分层铺抹防水砂浆，每层厚度为 10～15mm，总厚度不小于 30mm

C. 氯化铁防水砂浆施工时，底层防水砂浆抹完 12h 后，抹压面层防水砂浆，其厚13mm，分两遍抹压

D. 防水层施工时的环境温度为 5～35℃

8.【单选题】下列关于涂料防水中防水层施工的说法中，正确的是（   ）。

A. 湿铺法是在铺第三遍涂料涂刷时，边倒料、边涂刷、边铺贴的操作方法

B. 对于流动性差的涂料，为便于抹压，可以采用分条间隔施工的方法，条带宽 800～1000mm

C. 胎体增强材料混合使用时，一般下层采用玻璃纤维布，上层采用聚酯纤维布

D. 所有收头均应用密封材料压边，压扁宽度不得小于 20mm

9.【单选题】下列关于涂料防水施工工艺的说法中，错误的是（   ）。

A. 防水涂料防水层属于柔性防水层

B. 一般采用外防外涂和外防内涂施工方法

C. 工艺流程：找平层施工→保护层施工→防水层施工→质量检查

D. 找平层有水泥砂浆找平层、沥青砂浆找平层、细石混凝土找平层三种

10.【单选题】下列关于卷材防水施工的说法中，错误的是（   ）。

A. 铺设防水卷材前应涂刷基层处理剂，基层处理剂应采用与卷材性能相容的材料

B. 铺贴高分子防水卷材时，切忌拉伸过紧，以免使卷材长期处在受拉应力状态，加速卷材老化

C. 施工工艺流程：找平层施工→防水层施工→保护层施工→质量检查

D. 卷材搭接接缝口应采用宽度不小于 20mm 的密封材料封严，以确保防水层的整体防水性能

11.【多选题】下列关于防水混凝土施工工艺的说法中，错误的是（　　）。

A. 水泥选用强度等级不低于 32.5 级

B. 在保证能振捣密实的前提下，水灰比应尽可能小，一般不大于 0.6，坍落度不大于 50mm

C. 为有效起到保护钢筋和阻止钢筋的引水作用，迎水面防水混凝土的钢筋保护层厚度不得小于 35mm

D. 在浇筑过程中，应严格分层连续浇筑，每层厚度不宜超过 300～400mm，机械振捣密实

E. 墙体一般允许留水平施工缝和垂直施工缝

12.【多选题】下列关于涂料防水中质量检查的说法中，正确的是（　　）。

A. 找平层表面平整度的允许偏差为 5mm

B. 涂料防水层不得有渗漏或积水现象，其检验方法为雨后或淋水、蓄水检验

C. 防水涂料和胎体增强材料必须符合设计要求，检验方法为检查出厂合格证和质量检验报告

D. 涂料防水层的平均厚度应符合设计要求，最小厚度不应小于设计厚度的 80%

E. 找平层分格缝的位置和间距应符合设计要求，其检验方法为观察检查

【答案】1.√；2.×；3.√；4.A；5.B；6.A；7.B；8.B；9.C；10.D；11.ACE；12.ABD

第五章 施 工 项 目 管 理

第一节 施工项目管理的内容及组织

考点 36：施工项目管理的特点及内容

教材点睛 | 教材 P92～P93

1. 施工项目管理的特点： ①主体是建筑企业；②对象是施工项目；③管理内容是按阶段变化的；④要求是强化组织协调工作。

2. 施工项目管理的内容（八个方面）： ①建立施工项目管理组织；②编制施工项目管理规划；③施工项目的目标控制；④施工项目的生产要素管理；⑤施工项目的合同管理；⑥施工项目的信息管理；⑦施工现场的管理；⑧组织协调。

考点 37：施工项目管理的组织机构

教材点睛 | 教材 P93～P97

1. 施工项目管理组织的主要形式： 直线式、职能式、矩阵式、事业部式等。

2. 施工项目经理部： 由企业授权，在施工项目经理的领导下建立的项目管理组织机构，是施工项目的管理层，其职能是对施工项目实施阶段进行综合管理。

（1）项目经理部的性质：相对独立性、综合性、临时性。

（2）建立施工项目经理部的基本原则

1）根据所设计的项目组织形式设置。

2）根据施工项目的规模、复杂程度和专业特点设置。

3）根据施工工程任务需要调整。

4）适应现场施工的需要。

（3）项目经理部部门设置（5 个基本部门）：经营核算部、技术管理部、物资设备供应部、质量安全部、安全后勤部。

（4）项目部岗位设置及职责

1）项目部设置最基本的六大岗位：施工员、质量员、安全员、资料员、造价员、测量员，其他还有材料员、标准员、机械员、劳务员等。

2）岗位职责

① 施工项目经理：施工项目的最高责任人和组织者，是决定施工项目盈亏的关键性角色。

② 项目技术负责人：在项目部经理的领导下，负责项目部施工生产、工程质量、安全生产和机械设备管理等工作。

③ 施工员、质量员、安全员、资料员、造价员、测量员、材料员、标准员、机械员、劳务员都是项目的专业人员，是施工现场的管理者。

（5）项目经理部的解体：企业工程管理部门是项目经理部解体善后工作的主管部门，主要负责项目经理部解体后工程项目在保修期间问题的处理，包括因质量问题造成的返（维）修、工程剩余价款的结算以及回收等。

巩固练习

1.【判断题】施工项目管理是指建筑企业运用系统的观点、理论和方法对施工项目进行的决策、计划、组织、控制、协调等全过程的全面管理。（　　）

2.【判断题】在工程开工前，由项目经理组织编制施工项目管理实施规划，对施工项目管理从开工到交工验收进行全面的指导性规划。（　　）

3.【判断题】项目经理部是工程的主管部门，主要负责工程项目在保修期间问题的处理，包括因质量问题造成的返（维）修、工程剩余价款的结算以及回收等。（　　）

4.【判断题】在现代施工企业的项目管理中，施工项目经理是施工项目的最高责任人和组织者，是决定施工项目盈亏的关键性角色。（　　）

5.【判断题】施工现场包括红线以内占用的建筑用地和施工用地以及临时施工用地。
（　　）

6.【单选题】下列关于施工项目管理的特点，说法错误的是（　　）。

A. 对象是施工项目　　　　　　　　B. 主体是建设单位

C. 内容是按阶段变化的　　　　　　D. 要求强化组织协调工作

7.【单选题】下列不属于施工项目管理组织的主要形式的是（　　）。

A. 直线式　　　　　　　　　　　　B. 线性结构式

C. 矩阵式　　　　　　　　　　　　D. 事业部式

8.【单选题】下列关于施工项目管理组织的形式的说法中，错误的是（　　）。

A. 线性项目组织适用于大型项目，工期要求紧，要求多工种、多部门配合的项目

B. 事业部式项目组织适用于大型经营型企业的工程承包

C. 部门控制式项目组织一般适用于专业性强的大中型项目

D. 矩阵式项目组织适用于同时承担多个需要进行项目管理工程的企业

9.【单选题】下列不属于项目经理部性质的是（　　）。

A. 法律强制性　　　　　　　　　　B. 相对独立性

C. 综合性　　　　　　　　　　　　D. 临时性

10.【单选题】下列不属于建立施工项目经理部的基本原则的是（　　）。

A. 根据所设计的项目组织形式设置

B. 适应现场施工的需要

C. 满足建设单位关于施工项目目标控制的要求

D. 根据施工工程任务需要调整

11.【单选题】下列不属于施工项目经理部综合性主要表现的是(　　)。

A. 随项目开工而成立，随项目竣工而解体

B. 管理职能是综合的

C. 管理施工项目的各种经济活动

D. 管理业务是综合的

12.【单选题】项目部设置的最基本的岗位不包括(　　)。

A. 统计员　　　　　　　　　　B. 施工员

C. 安全员　　　　　　　　　　D. 质量员

13.【多选题】施工项目管理周期包括(　　)、竣工验收、保修等。

A. 建设设想　　　　　　　　　B. 工程投标

C. 签订施工合同　　　　　　　D. 施工准备

E. 施工

14.【多选题】下列不属于施工项目管理的内容的是(　　)。

A. 建立施工项目管理组织　　　B. 编制《施工项目管理目标责任书》

C. 施工项目的生产要素管理　　D. 施工项目的施工情况的评估

E. 施工项目的信息管理

15.【多选题】下列各部门中，项目经理部不需设置的是(　　)。

A. 经营核算部门　　　　　　　B. 物资设备供应部门

C. 设备检查检测部门　　　　　D. 质量安全部门

E. 企业工程管理部门

【答案】1. √；2. √；3. ×；4. √；5. ×；6. B；7. B；8. C；9. A；10. C；11. A；
12. A；13. BCDE；14. BD；15. CE

第二节　施工项目目标控制

考点 38：施工项目目标控制

教材点睛　教材 P97～P104

1. 施工项目目标控制： 主要包括施工项目进度控制、质量控制、成本控制、安全控制四个方面。

2. 施工项目目标控制的任务

（1）施工项目进度控制的任务：编制最优的施工进度计划；检查施工实际进度情况，对比计划进度，动态控制施工进程；出现偏差，分析原因和评估影响度，制定调整措施。

（2）施工项目质量控制的任务：准备阶段，编制施工技术文件，制定质量管理计划和质量控制措施，进行施工技术交底；施工阶段，对实施情况进行监督、检查和测量，找出存在的质量问题，分析质量问题的成因，采取补救措施。

（3）施工项目成本控制的任务：开工前，预测目标成本，编制成本计划；项目实施过程中，收集实际数据，进行成本核算；对实际成本和计划成本进行比较，如果发生偏差，应及时进行分析，查明原因，并及时采取有效措施，不断降低成本；将各项生产费用控制在所规定的标准和预算之内，以保证实现规定的成本目标。

（4）施工项目安全控制的任务（包括职业健康、安全生产和环境管理）

1）职业健康管理的主要任务：制定并落实职业病、传染病的预防措施；为员工配备必要的劳动保护用品，按要求购买保险；组织员工进行健康体检，建立员工健康档案等。

2）安全生产管理的主要任务：制定安全管理制度、编制安全管理计划和安全事故应急预案；识别现场的危险源，采取措施预防安全事故；进行安全教育培训、安全检查，提高员工的安全意识和素质。

3）环境管理的主要任务：规范现场的场容环境，保持作业环境的整洁卫生；预防环境污染事件，减少施工对周围居民和环境的影响等。

3. 施工项目目标控制的措施

（1）施工项目进度控制的措施：组织措施、技术措施、合同措施、经济措施和信息管理措施等。

（2）施工项目质量控制的措施：提高管理、施工及操作人员素质；建立完善的质量保证体系；加强原材料质量控制；提高施工的质量管理水平；确保施工工序的质量；加强施工项目的过程控制（"三检制"）。

（3）施工项目安全控制的措施：安全制度措施、安全组织措施、安全技术措施【详见 P101～P102 表 5-1、表 5-2】。

（4）施工项目成本控制的措施：组织措施、技术措施、经济措施、合同措施。

巩固练习

1.【判断题】项目质量控制贯穿于项目施工的全过程。　　　　　　　　　　（　　）

2.【判断题】安全管理的对象是生产中一切人、物、环境、管理状态，安全管理是一种动态管理。　　　　　　　　　　　　　　　　　　　　　　　　　　　　　（　　）

3.【单选题】施工项目的劳动组织不包括（　　）。

A. 劳务输入　　　　　　　　　　　　B. 劳动力组织

C. 劳务队伍的管理　　　　　　　　　D. 劳务输出

4.【单选题】施工项目目标控制包括：施工项目进度控制、施工项目质量控制、（　　）、施工项目安全控制四个方面。

A. 施工项目管理控制　　　　　　　　B. 施工项目成本控制

C. 施工项目人力控制　　　　　　　　D. 施工项目物资控制

5.【单选题】下列不属于施工项目质量控制的措施的是（　　）。

A. 提高管理、施工及操作人员自身素质

B. 提高施工的质量管理水平

C. 尽可能采用先进的施工技术、方法和新材料、新工艺、新技术，保证进度目标实现

D. 加强施工项目的过程控制

6.【单选题】施工项目过程控制中，加强专项检查，包括自检、（　　）、互检。

A. 专检   B. 全检

C. 交接检   D. 质检

7.【单选题】下列不属于施工项目安全控制的措施的是（　　）。

A. 组织措施   B. 技术措施

C. 管理措施   D. 制度措施

8.【单选题】下列不属于施工准备阶段的安全技术措施的是（　　）。

A. 技术准备   B. 物资准备

C. 资金准备   D. 施工队伍准备

9.【多选题】下列关于施工项目目标控制的措施中，说法错误的是（　　）。

A. 建立完善的工程统计管理体系和统计制度属于信息管理措施

B. 主要有组织措施、技术措施、合同措施、经济措施和设备维护措施

C. 落实施工方案，在发生问题时，能适时调整工作之间的逻辑关系，加快实施进度属于技术措施

D. 签订并实施关于工期和进度的经济承包责任制属于合同措施

E. 落实各层次进度控制的人员及其具体任务和工作责任属于组织措施

【答案】1. ×；2. √；3. D；4. B；5. C；6. A；7. C；8. C；9. BD

第三节　施工资源与现场管理

考点 39：施工资源与现场管理

教材点睛 教材 P104～P106

1. 施工项目资源管理

（1）施工项目资源管理的内容：劳动力、材料、机械设备、技术和资金等。

（2）施工资源管理的任务：确定资源类型及数量；确定资源的分配计划；编制资源进度计划；施工资源进度计划的执行和动态调整等。

2. 施工现场管理

（1）施工现场管理的任务

1）全面完成生产计划规定的任务，包含产量、产值、质量、工期、资金、成本、利润和安全等。

2）按施工规律组织生产，优化生产要素的配置，实现高效率和高效益。

3）搞好劳动组织和班组建设，不断提高施工现场人员的思想和技术素质。

4）加强定额管理，降低物料和能源的消耗，减少生产储备和资金占用，不断降低生产成本。

　　5）优化专业管理，建立完善管理体系，有效地控制施工现场的投入和产出。

　　6）加强施工现场的标准化管理，使人流、物流高效有序。

　　7）治理施工现场环境，改变"脏、乱、差"的状况，注意保护施工环境，做到施工不扰民。

　　（2）施工项目现场管理的内容：规划及报批施工用地；设计施工现场平面图；建立施工现场管理组织；建立文明施工现场；及时清场转移。

巩固练习

1.【判断题】施工项目的生产要素主要包括劳动力、材料、技术和资金。　　（　　）

2.【判断题】建筑辅助材料指在施工中被直接加工、构成工程实体的各种材料。

（　　）

3.【单选题】下列不属于施工资源管理任务的是(　　)。

A. 确定资源类型及数量　　　　　　B. 设计施工现场平面图

C. 编制资源进度计划　　　　　　　D. 施工资源进度计划的执行和动态调整

4.【单选题】下列不属于施工项目现场管理内容的是(　　)。

A. 规划及报批施工用地　　　　　　B. 设计施工现场平面图

C. 建立施工现场管理组织　　　　　D. 为项目经理决策提供信息依据

5.【单选题】资金管理主要环节不包括(　　)。

A. 资金回笼　　　　　　　　　　　B. 编制资金计划

C. 资金使用　　　　　　　　　　　D. 筹集资金

6.【单选题】下列属于确定资源分配计划的工作的是　　　　　　　　（　　）

A. 确定项目所需的管理人员和工种　　B. 编制物资需求分配计划

C. 确定项目施工所需的各种物资资源　　D. 确定项目所需资金的数量

7.【多选题】下列属于施工项目资源管理的内容的是(　　)。

A. 劳动力　　　　　　　　　　　　B. 材料

C. 技术　　　　　　　　　　　　　D. 机械设备

E. 施工现场

8.【多选题】下列不属于施工资源管理的任务的是(　　)。

A. 规划及报批施工用地　　　　　　B. 确定资源类型及数量

C. 确定资源的分配计划　　　　　　D. 建立施工现场管理组织

E. 施工资源进度计划的执行和动态调整

9.【多选题】下列属于施工现场管理的内容的是(　　)。

A. 落实资源进度计划　　　　　　　B. 设计施工现场平面图

C. 建立文明施工现场　　　　　　　D. 施工资源进度计划的动态调整

E. 及时清场转移

【答案】1. ×；2. ×；3. B；4. D；5. A；6. B；7. ABCD；8. AD；9. BCE

第六章　建筑构造的基本知识

第一节　建筑物的构造组成与建筑物的等级划分

考点 40：建筑物分类构造、组成及等级★

教材点睛　教材 P107～P110

1. 建筑的分类

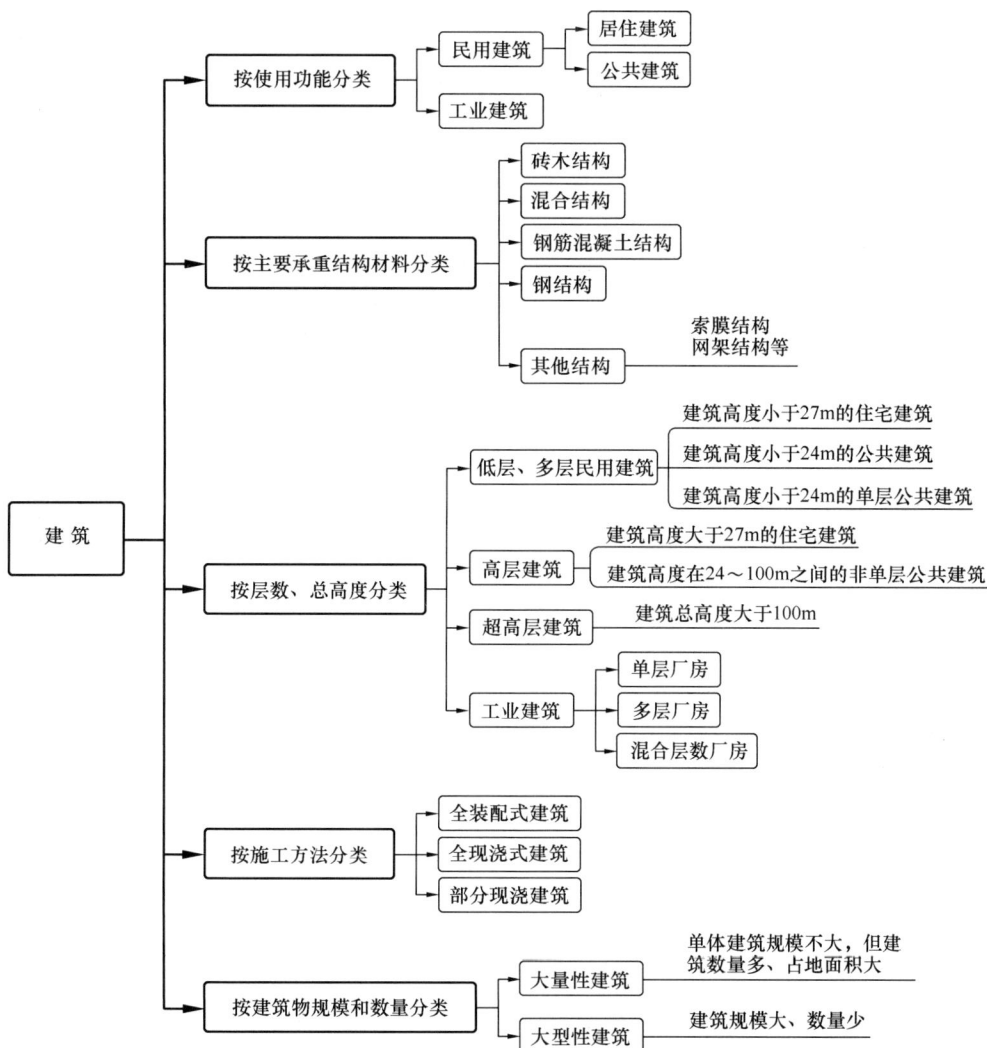

2. 建筑物的构造组成

（1）基础：建筑物自然地面以下的部分，承受建筑物的全部荷载，并把这些荷载传给地基。

（2）墙和柱：建筑物竖向构件，其中墙体分承重墙和非承重墙，非承重墙只起围护和分隔作用。

（3）楼板层：建筑物水平承重构件，将楼层上的荷载传给墙或柱，同时对墙体起水平支撑作用。

（4）地面：室内地坪，承受着家具、设备、人和本身自重，通过垫层传到基层。

（5）楼梯：建筑的垂直交通设施，供人们平时上下和紧急疏散时使用。

（6）屋顶：建筑物顶部的围护和承重构件，具有承受自重、积雪、风等荷载，以及防雨雪侵袭、太阳辐射、保温隔热等作用。

（7）门窗：具有分隔房间、围护、采光、通风等作用，属于非承重结构的建筑构件。

（8）附属部分：阳台、雨篷、台阶、散水等。

3. 建筑物的等级划分

（1）建筑物的耐久等级分类【详见 P109 表 6-1】。

（2）建筑物的耐火等级分类：《建筑设计防火规范》GB 50016—2014（2018 年版）规定，高层民用建筑根据建筑高度、使用功能和楼层建筑面积分为两类；民用建筑耐火等级分为一～四级；厂房和仓库根据使用功能或产生的物质性质及其数量等，火灾危险性分为甲、乙、丙、丁、戊五类，耐火等级分为一～四级。

第二节　常见基础的构造

考点 41：基础构造

1. 基础的分类

（1）基础按其埋置深度大小分为浅基础（基础埋深小于等于 5m）和深基础（基础埋深大于 5m）。

（2）基础按其材料及受力特点分为刚性基础、柔性基础。

（3）基础按构造形式分为独立基础、条形基础、片筏基础、箱形基础、桩基础。

2. 常用基础的构造

（1）混凝土基础：采用素混凝土浇筑而成。基础外形有梯形和台阶形两种。

（2）钢筋混凝土基础：由底板及基础墙（柱）组成。基础外形有锥形和阶梯形两种。

（3）上述两种基础结构下均设置垫层。垫层采用 100mm 厚，C15 或 C20 素混凝土，垫层每边伸出底板各 100mm。

1.【判断题】建筑物总高度超过 100m 时，不论其是住宅还是公共建筑，均为超高层。（ ）

2.【判断题】楼板层是建筑物水平方向的承重构件，对墙体不能起到水平支撑的作用。（ ）

3.【判断题】建筑物耐久性的指标是设计使用年限。（ ）

4.【判断题】基础埋深是指自室外设计地面至基础底面的深度。（ ）

5.【单选题】办公楼、医院、图书馆等都属于（ ）。

A. 民用建筑 　　　　　　　　　　B. 居住建筑

C. 公共建筑 　　　　　　　　　　D. 工业建筑

6.【单选题】建筑物的耐久等级为二级，其使用年限为（ ）。

A. 100 年 　　　　　　　　　　B. 50～100 年

C. 25～50 年 　　　　　　　　　D. 15 年以下

7.【单选题】适用于多层框架结构或厂房排架柱下基础，地基承载力不低于（ ）时，其材料通常采用钢筋混凝土、素混凝土等。

A. 60kPa 　　　B. 70kPa 　　　C. 80kPa 　　　D. 90kPa

8.【单选题】混凝土基础垫层常用材料是 C15、C20 的混凝土，厚度（ ），每侧加宽（ ）。

A. 80～100mm；80～100mm 　　B. 60～80mm；80～100mm

C. 80～100mm；100～120mm 　　D. 60～80mm；100～120mm

9.【多选题】按照建筑物的使用功能进行分类，主要可以分为（ ）。

A. 民用建筑 　　　　　　　　　　B. 农业建筑

C. 园林建筑 　　　　　　　　　　D. 工业建筑

E. 居住建筑

10.【多选题】按照基础的材料和受力特点分类，主要可以分为（ ）。

A. 深基础 　　　　　　　　　　B. 浅基础

C. 刚性基础 　　　　　　　　　D. 柔性基础

E. 中性基础

11.【多选题】按照受力形式的不同，桩主要可以分为（ ）。

A. 端承桩 　　　　　　　　　　B. 摩擦桩

C. 混凝土桩 　　　　　　　　　D. 预制桩

E. 灌入桩

【答案】1. √；2. ×；3. √；4. √；5. C；6. B；7. C；8. A；9. ABCD；10. CD；11. AB

第三节　墙体与地下室的构造

考点 42：墙体与地下室构造★

教材点睛　教材 P113～P121

1. 墙体构造

（1）墙体是建筑的主要围护构件和结构构件，主要作用为承重、围护和分隔。

（2）砖墙细部构造包括墙身防潮、勒脚、踢脚、散水、明沟、窗台、过梁、圈梁、构造柱等。

（3）节能复合墙体的构造

1）粘贴保温板薄抹灰外保温系统：由粘结层、保温层、抹面层和饰面层构成。保温板有模塑式聚苯乙烯板（EPS 板）、挤塑式聚苯乙烯板（XPS 板）、硬质聚氨酯泡沫塑料（PUR）板或 PIR 板等。

2）胶粉聚苯颗粒保温浆料外保温系统：由界面层、保温层、抹面层和饰面层构成。保温层是以聚苯乙烯颗粒为保温材料，加入聚合物水泥胶浆搅拌而成，直接抹在墙体表面。

3）EPS 板现浇混凝土外保温系统：以现浇混凝土外墙作为基层，EPS 板作保温层，EPS 保温板内表面（与现浇混凝土接触的表面）沿水平方向开有矩形齿槽，内、外表面均满涂界面砂浆。施工时将 ESP 板置于外模板内侧，浇灌混凝土后，墙体与EPS 板结合为一体。

4）EPS 钢丝网架板现浇混凝土外保温系统：以现浇混凝土墙面作为基层，EPS 单面钢丝网架板为保温层，施工时将 EPS 板置于外模板内侧，浇筑混凝土后 EPS 钢丝网架板与混凝土结合为一体。

5）胶粉 EPS 颗粒浆料贴砌 EPS 板外保温系统：由界面砂浆层、胶粉 EPS 颗粒贴砌浆料层、EPS 板、抹面层、涂料饰面层组成。

6）现场喷涂硬泡聚氨酯外保温系统（简称 PU 喷涂系统）：由界面层、现场喷涂硬泡聚氨酯保温层、界面砂浆层、找平层、抹面层、涂饰层组成。

7）保温装饰板外保温系统（新技术、新工艺）：由粘结砂浆、保温装饰板、嵌缝材料、密封材料和锚固件构成。

2. 地下室构造：由墙体、顶板、底板、门窗、楼梯五大部分组成。

巩固练习

1.【判断题】实心黏土砖墙的厚度是按砖的倍数确定的。　　　　　　　　　（　　）

2.【判断题】墙体的勒脚的主要作用是为了保护墙体免受机械碰撞，避免墙角受潮、美观。　　　　　　　　　　　　　　　　　　　　　　　　　　　　　　　　　（　　）

3. 【判断题】构造柱的位置一般设在建筑物转角、楼梯间的四角、内外墙交界处。

（　　）

4. 【单选题】墙的作用主要包括围护、分隔和（　　）。

A. 承重　　　　　　　　　　　　B. 阻断

C. 通风　　　　　　　　　　　　D. 采光

5. 【单选题】墙身防潮层中细石混凝土防潮层铺设的细石混凝土的厚度为（　　）。

A. 40mm　　　　　　　　　　　B. 50mm

C. 60mm　　　　　　　　　　　D. 70mm

6. 【单选题】墙体踢脚的高度一般为（　　），也可将其延伸至窗台形成墙裙。

A. 50～80mm　　　　　　　　　B. 80～100mm

C. 100～120mm　　　　　　　　D. 120～150mm

7. 【单选题】外窗台有悬挑窗台和不悬挑窗台两种，悬挑窗台底部边缘处抹灰应做宽度和深度均不小于（　　）的滴水线或滴水槽。

A. 5mm　　　　　　　　　　　　B. 10mm

C. 15mm　　　　　　　　　　　　D. 20mm

8. 【多选题】下列属于非承重墙的有（　　）。

A. 自重墙　　　　　　　　　　　B. 隔墙

C. 填充墙　　　　　　　　　　　D. 幕墙

E. 女儿墙

9. 【多选题】踢脚常用的面层材料可以是（　　）。

A. 水泥砂浆　　　　　　　　　　B. 混凝土

C. 面砖　　　　　　　　　　　　D. 木材

E. 石材

10. 【多选题】圈梁常见的高度有（　　）。

A. 160mm　　　　　　　　　　　B. 180mm

C. 200mm　　　　　　　　　　　D. 220mm

E. 240mm

【答案】1.×；2.√；3.√；4.A；5.C；6.D；7.B；8.ABCD；9.ABCD；10.BE

第四节　楼板与地坪构造

考点 43：楼板与地坪构造★

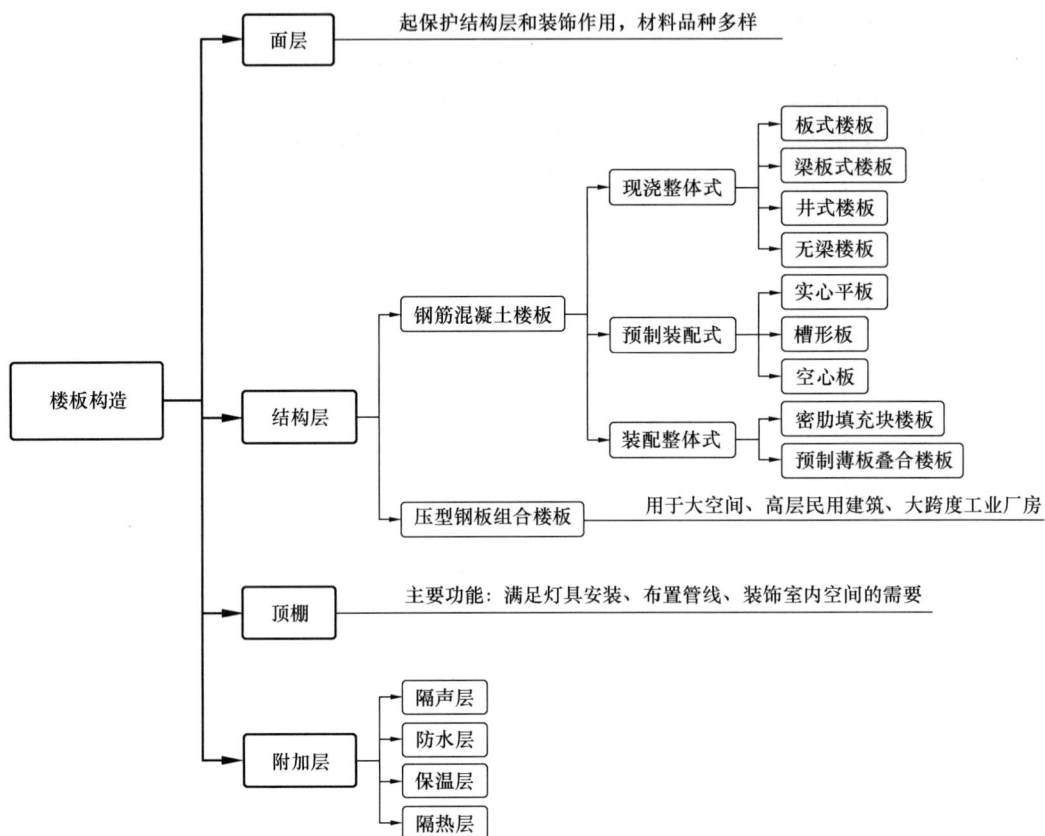

> **教材点睛** 教材 P121～P124
>
> **1. 楼板的构造**
>
> 面层 —— 起保护结构层和装饰作用，材料品种多样
>
> 楼板构造
>
> 结构层
>
> 钢筋混凝土楼板
>
> 现浇整体式
> - 板式楼板
> - 梁板式楼板
> - 井式楼板
> - 无梁楼板
>
> 预制装配式
> - 实心平板
> - 槽形板
> - 空心板
>
> 装配整体式
> - 密肋填充块楼板
> - 预制薄板叠合楼板
>
> 压型钢板组合楼板 —— 用于大空间、高层民用建筑、大跨度工业厂房
>
> 顶棚 —— 主要功能：满足灯具安装、布置管线、装饰室内空间的需要
>
> 附加层
> - 隔声层
> - 防水层
> - 保温层
> - 隔热层
>
> **2. 地坪的构造**：由面层、垫层和基层三个基本构造层次组成，对有特殊要求的地坪，可在面层与垫层之间增设附加层。

巩固练习

1.【判断题】楼板是房屋主要的水平承重构件和水平支撑构件。　　　　　　　（　　）

2.【判断题】空心板空洞形状有圆形、长圆形和矩形等，以矩形孔板最为方便，应用最广。　　　　　　　　　　　　　　　　　　　　　　　　　　　（　　）

3.【单选题】板式楼板的厚度应不小于(　　　)。

A. 40mm　　　　　　B. 50mm　　　　　　C. 60mm　　　　　　D. 70mm

4. 【单选题】在预制装配式钢筋混凝土楼板中，实心平板的板厚一般为(　　)。

A. 40～70mm
B. 50～80mm
C. 60～90mm
D. 70～100mm

5. 【单选题】地坪中刚性垫层的厚度一般为(　　)。

A. 40～80mm
B. 50～90mm
C. 60～100mm
D. 70～110mm

6. 【多选题】楼板具有一定的(　　)功能。

A. 隔声
B. 保温
C. 隔热
D. 隔光
E. 划分空间

7. 【多选题】根据施工方法的不同，钢筋混凝土楼板可以分为(　　)。

A. 现浇整体式
B. 预制装配式
C. 装配整体式
D. 整体构架式
E. 压板组合式

8. 【多选题】压型钢板组合楼板主要由(　　)组成。

A. 现浇混凝土
B. 钢筋
C. 钢衬板
D. 钢梁
E. 木材

【答案】1. √；2. ×；3. C；4. B；5. C；6. ABC；7. ABC；8. ACD

第五节　竖向交通设施的一般构造

考点44：竖向交通设施构造

教材点睛　教材 P124～P126

1. 建筑竖向交通设施：主要包括楼梯、电梯、自动扶梯、爬梯以及台阶、坡道等。

2. 楼梯构造：由楼梯段（简称梯段）、楼梯平台和中间平台、栏杆（或栏板）和扶手三部分组成。

3. 现浇钢筋混凝土楼梯

（1）钢筋混凝土板式楼梯构造：为一块整浇板，斜向搁置在平台梁上；或带平台板的板式楼梯，即把两个或一个平台板和一个梯段组合成一块折形板。

（2）梁板式楼梯构造：由踏步板、楼梯斜梁、平台梁和平台板组成。

第六节　门　与　窗　的　构　造

考点 45：门窗构造★

教材点睛　教材 P126～P131

1. **门窗的主要功能**：采光、通风、分隔、隔声、保温、防火、防水等围护功能，其中门还有交通联系功能。

2. 按《建筑装饰装修工程质量验收标准》GB 50210—2018 之第 6 章的规定，门窗工程可分为木门窗安装工程、金属门窗安装工程、塑料门窗安装工程、特种门安装工程、门窗玻璃安装工程。

3. **窗的基本构造**：由窗框和窗扇组成。在窗扇和窗框间装有各种铰链、风钩、插销、拉手及导轨、转轴、滑轮等五金零件。

（1）平开木窗防水措施：在内开窗的下口和外开窗的中横框处，做披水条和滴水槽，以防雨水内渗；在近窗台处做积水槽和泄水孔，以利于渗入的雨水排出窗外。

（2）铝合金窗常见形式：固定窗、平开窗、滑轴窗、推拉窗、立轴窗和悬窗等，一般多采用水平推拉式。

（3）塑钢门窗框与墙体的连接：假框法、固定件法和直接固定法。

4. **门的基本构造**：由门框、门扇、亮子和五金零件组成。

（1）保温门采用拼板门，双层门心板，门心板间填以保温材料。

（2）防火门分为甲、乙、丙三级，其耐火极限分别为 1.2h、0.9h、0.6h。根据对防火门耐火等级的要求，门扇可以采用钢板、木板外贴石棉板再包以镀锌薄钢板或木板外直接包镀锌薄钢板等构造措施。

巩固练习

1.【判断题】钢筋混凝土楼梯的耐久性和耐火性均比木材和钢材要好。　　　　（　　）

2.【判断题】窗的主要功能是采光和通风。　　　　（　　）

3.【判断题】门的主要用途是交通联系和围护，其在建筑的立面处理和室内装修中也有着重要作用。　　　　（　　）

4.【判断题】彩钢板门窗是彩色镀锌钢板经过机械加工而成的门窗。　　　　（　　）

5.【判断题】顶棚层的作用及构造做法与楼板层顶棚基本相同，分直接抹灰式顶棚和悬吊式顶棚。　　　　（　　）

6.【单选题】楼房建筑的垂直交通设施中，供人们平时上下和紧急疏散时使用的是（　　）。

A. 楼梯　　　　　　　B. 墙柱　　　　　　　C. 楼板层　　　　　　　D. 地面

7.【单选题】下列不属于竖向交通工具的是（　　）。

A. 楼梯　　　　　　　B. 自动扶梯　　　　　　C. 爬梯　　　　　　　D. 楼板

8.【单选题】按照楼梯段的传力特点，现浇混凝土楼梯主要可以分为（　　）。

A. 板式和梁式　　　　　　　　　　　　B. 现浇和装配

C. 竖向和横向　　　　　　　　　　　　D. 混凝土和砖砌

9.【单选题】我国大部分标准窗的尺寸均采用(　　)的扩大模数。

A. 2M　　　　　B. 3M　　　　　C. 4M　　　　　D. 5M

10.【单选题】一般来说，门的高度不应小于(　　)。

A. 2000mm　　　　B. 2100mm　　　　C. 2200mm　　　　D. 2300mm

11.【单选题】防火门可分为甲、乙、丙三级，其耐火极限分别为(　　)。

A. 1.2h、0.9h、0.6h　　　　　　　　B. 1.4h、1.2h、0.9h

C. 1.2h、1.0h、0.8h　　　　　　　　D. 1.4h、0.8h、0.6h

12.【多选题】按照材料的不同，楼梯可分为(　　)。

A. 筋混凝土楼梯　　　　　　　　　　B. 钢楼梯

C. 木楼梯　　　　　　　　　　　　　D. 组合楼梯

E. 现浇楼梯

13.【多选题】按照层数的分类，窗可分为(　　)。

A. 单层窗　　　　　　　　　　　　　B. 多层窗

C. 单面窗　　　　　　　　　　　　　D. 多面窗

E. 组合窗

【答案】1. √；2. √；3. √；4. √；5. √；6. A；7. D；8. A；9. B；10. B；11. A；
12. ABCD；13. AB

第七节　屋顶的基本构造

考点 46：屋顶基本构造★

教材点睛 教材 P131～P139

　　1. 屋顶的主要功能：①抵御自然界的风、雨、太阳辐射、气温变化和其他外界的不利因素；②满足防水排水、保温隔热、抵御侵蚀等要求；③满足强度、刚度和整体稳定性的要求。

　　2. 屋顶的分类：根据屋面材料、结构类型的不同可分为平屋顶、坡屋顶和其他屋顶（拱结构、薄壳结构、悬索结构）。

　　3. 屋顶构造

　　（1）平屋顶（坡度小于5%的屋顶）构造：由面层（防水层）、保温隔热层、结构层和顶棚层四部分组成。常用的坡度为1%～3%。平屋顶构造简单，节约材料，屋顶上面便于利用，可做成露台、屋顶花园等。

　　（2）坡屋顶（坡度大于10%的屋顶）构造：由斜屋面组成，按坡面数目分为单坡顶、双坡顶、四坡顶等。

　　4. 屋顶的排水方式：分为无组织排水和有组织排水两大类。

5. 平屋顶柔性防水屋面的构造

（1）屋面防水层采用卷材防水或涂膜防水；卷材防水适用于防水等级为Ⅰ~Ⅳ级的屋面防水，涂膜防水适用于防水等级为Ⅲ、Ⅳ级的屋面防水。

（2）柔性防水屋面的基本构造：由结构层、找坡层、找平层、结合层、防水层、保护层组成。

（3）柔性防水屋面的细部构造：包括泛水、檐口、女儿墙、雨水口等构造。

6. 平屋顶刚性防水屋面的构造

（1）屋面防水层采用刚性材料，如防水砂浆、细石混凝土、配筋细石混凝土防水屋面等，适用于防水等级为Ⅲ级的屋面防水。

（2）刚性防水屋面的基本构造层：由结构层、找平层、隔离层、防水层组成。

（3）刚性防水屋面的细部构造：包括分格缝、泛水、檐口、雨水口等构造。

7. 平屋顶的保温与隔热

（1）保温层材料：通常可分为散料（膨胀珍珠岩、炉渣等）、现场浇筑的拌合物和板块料（聚苯板、加气混凝土板、泡沫塑料板等）三种。

（2）保温层构造做法：正铺法、倒铺法、复合法及设空气间层等。

8. 坡屋面的构造：瓦材及瓦材铺设层、找平层、保温隔热层、卷材或涂膜防水层和隔汽层等。

第八节 变形缝的构造

考点 47：变形缝构造●

法规依据：《民用建筑设计统一标准》GB 50352—2019。

1. 变形缝：包括伸缩缝（温度缝）、沉降缝和抗震缝三种类型。

2. 伸缩缝（温度缝）

（1）作用：防止因环境温度变化引起的变形，产生对建筑破坏作用而设置。

（2）设置要求：建筑物长度方向每隔一定距离设置一道伸缩缝（垂直缝隙）。建筑物的墙体、楼板层、屋顶等地面以上部分需全部断开，基础部分因受温度变化影响较小不需断开。

（3）构造要求：缝宽度一般为 20~30mm，伸缩缝内侧砌成企口式或错口；缝内填充沥青麻丝或玻璃棉毡等有弹性的纤维保温材料。

3. 沉降缝

（1）作用：防止建筑物各部分由于地基不均匀沉降引起房屋破坏，可代替伸缩缝发挥作用。

（2）设置要求：竖向设置，包括基础在内，从屋顶到基础全部构件均需分开。

（3）构造要求：与伸缩缝构造类似。缝宽随地基情况和建筑物的高度而不同，地基越软弱，建筑物越高，缝宽越大。

4. 抗震缝

（1）作用：提高建筑的抗震能力，避免或减少地震对建筑的破坏作用。

（2）设置要求：建造在抗震设防烈度为 6~9 度地区的房屋均需设置抗震缝，其他要求同伸缩缝。

（3）构造要求：缝宽 50~100mm，其他构造与伸缩缝构造类似。

巩固练习

1.【判断题】平屋顶柔性屋面保护层的材料做法应只根据防水层所用材料情况而定。
（　　）

2.【判断题】刚性防水屋面的雨水口也有直管式雨水口和弯管式雨水口两种做法。
（　　）

3.【判断题】平屋顶涂膜防水屋面主要适用于防水等级为Ⅲ级的屋面。（　　）

4.【判断题】变形缝是为防止建筑物在外界因素（温度变化、地基不均匀沉降及地震）作用下产生变形，导致开裂甚至破坏而人为设置的适当宽度的缝隙。（　　）

5.【判断题】变形缝处选择的盖缝板的形式应能符合所属变形缝类别的变形需要。
（　　）

6.【单选题】平屋顶一般指屋面坡度小于（　　）的屋顶。
A. 4%　　　　　　B. 5%　　　　　　C. 6%　　　　　　D. 7%

7.【单选题】坡屋顶由斜屋面组成，屋面坡度一般大于（　　）。
A. 7%　　　　　　B. 8%　　　　　　C. 9%　　　　　　D. 10%

8.【单选题】平屋顶柔性防水屋面适用于防水等级为（　　）的防水屋面。
A. Ⅰ~Ⅳ级　　　　B. Ⅰ~Ⅴ级　　　　C. Ⅱ~Ⅳ级　　　　D. Ⅱ~Ⅴ级

9.【单选题】柔性屋面找平层采用水泥砂浆或细石混凝土时，纵横缝的最大间距不宜大于（　　）。
A. 4m　　　　　　B. 5m　　　　　　C. 6m　　　　　　D. 7m

10.【单选题】平屋顶刚性防水屋面主要适用于防水等级为（　　）的屋面防水。
A. Ⅰ级　　　　　B. Ⅱ级　　　　　C. Ⅲ级　　　　　D. Ⅳ级

11.【单选题】平屋顶刚性防水屋面找平层的做法一般是铺设（　　）1∶3的水泥砂浆。
A. 15mm　　　　　B. 20mm　　　　　C. 25mm　　　　　D. 30mm

12.【单选题】平屋顶刚性防水屋面檐口中防水层应挑出屋面至少（　　）。
A. 40mm　　　　　B. 50mm　　　　　C. 60mm　　　　　D. 70mm

13.【单选题】将坡屋顶分为砖墙承重、屋架承重以及钢筋混凝土梁板承重，是根据（　　）进行分类的。

A. 材料类型   B. 承重方式

C. 安装方式   D. 结构类型

14.【单选题】伸缩缝的宽度一般为（ ）。

A. 10～30mm   B. 20～40mm

C. 30～50mm   D. 40～60mm

15.【单选题】防震缝的宽度一般为（ ）。

A. 40～90mm   B. 50～100mm

C. 60～110mm   D. 70～120mm

16.【多选题】根据屋面材料、结构类型的不同，屋顶可分为（ ）。

A. 平屋顶   B. 坡屋顶

C. 其他屋顶   D. 露天屋顶

E. 花屋顶

17.【多选题】平屋顶的排水方式有（ ）。

A. 无组织排水   B. 有组织排水

C. 无序排水   D. 两边排水

E. 单边排水

18.【多选题】平屋顶柔性防水屋面结构层的要求是必须要有足够的（ ）。

A. 强度   B. 刚度

C. 耐久性   D. 安全性

E. 稳定性

19.【多选题】刚性防水屋面檐口形式一般包括（ ）。

A. 自由落水挑檐口   B. 挑檐沟外排水檐口

C. 女儿墙外排水檐口   D. 挑檐沟内排水檐口

E. 女儿墙内排水檐口

20.【多选题】保温材料一般可以分为三类，包括（ ）。

A. 散料类   B. 整体类

C. 板块类   D. 颗粒类

E. 长条类

21.【多选题】变形缝主要包括（ ）。

A. 伸缩缝   B. 沉降缝

C. 防震缝   D. 施工缝

E. 后浇带

【答案】1. ×；2. √；3. ×；4. √；5. ×；6. B；7. D；8. A；9. C；10. C；11. B；12. C；13. B；14. B；15. B；16. ABC；17. AB；18. AB；19. ABC；20. ABC；21. ABC

第九节　单层厂房的基本构造

考点 48：单层厂房基本构造 ★●

教材点睛 教材 P140～P148

1. 单层厂房的结构组成（装配式钢筋混凝土横向排架结构）：基础、排架柱、屋架（屋面梁）、吊车梁、基础梁、连系梁、支撑系统构件、屋面板、天窗架、抗风柱、外墙、窗与门、地面等。

2. 单层厂房主要结构构件的构造

（1）基础构造：柱有现浇和预制两种施工方法，因此基础应采用相应的构造形式。

（2）基础梁构造：直接搁置在基础顶面上，梁顶面标高应至少低于室内地坪 50mm，比室外地坪至少高 100mm；寒冷地区基础梁底部应留有 50～100mm 的空隙，铺设厚度大于或等于 300mm 的松散材料。

（3）柱按其作用分为排架柱和抗风柱两种。排架柱构造【详见 P144 图 6-41】；抗风柱构造【详见 P145 图 6-43】。

（4）吊车梁构造【详见 P145 图 6-44】。

（5）连系梁构造：当墙体高度超过 15m 时，须在适当的位置设置连系梁。连系梁与柱子的连接，采用焊接或螺栓连接。

（6）屋盖承重构件：包括屋架、屋面梁、屋盖覆盖构件（屋面板、檩条与小型屋面板或槽瓦）。

3. 单层工业厂房现多采用装配式混凝土结构和装配式钢结构，并应符合《建筑抗震设计规范》GB 50011—2010（2016 年版）第 9 章的规定。

4. 装配式混凝土结构施工质量的验收，应符合《混凝土结构工程施工质量验收规范》GB 50204—2015、《装配式混凝土建筑技术标准》GB/T 51231—2016 及各地方现行装配式混凝土结构施工质量验收规程的规定，检验批的划分可与相关方协商划分。

5. 装配式钢结构施工质量的验收，应符合《钢结构工程施工质量验收标准》GB 50205—2020、《装配式钢结构建筑技术标准》GB/T 51232—2016 及各地方现行装配式钢结构施工质量验收规程的规定，检验批的划分可与相关方协商。

巩固练习

1.【判断题】在厂房建筑中，支撑各种荷载作用的构件所组成的骨架成为结构。

（　　）

2.【判断题】为了便于柱的安装，杯口尺寸应大于柱的截面尺寸。　　（　　）

3.【判断题】排架柱在厂房结构中不是主要的承重构件之一。　　（　　）

4.【单选题】基础梁承受上部墙体重量，并把它传递给（　　）。

A. 基础　　　　　　　　　　　　B. 底板

C. 墙　　　　　　　　　　　　　D. 桩

5.【单选题】单层厂房中，杯口顶每边应比柱每边大（   ）。

A. 70mm   B. 75mm   C. 80mm   D. 85mm

6.【单选题】单层厂房中，杯口底每边应比柱每边大（   ）。

A. 40mm   B. 50mm   C. 60mm   D. 70mm

7.【单选题】在柱底面与杯底之间，还应预留（   ）的缝隙，用高强度细石混凝土找平。

A. 40mm   B. 50mm   C. 60mm   D. 70mm

8.【单选题】单层厂房中，当墙体高度超过（   ），须在适当的位置设置连系梁。

A. 10m   B. 15m   C. 20m   D. 25m

9.【多选题】单层厂房中，柱按其作用可分为（   ）。

A. 排架柱   B. 抗风柱

C. 混凝土柱   D. 钢柱

E. 钢筋混凝土柱

10.【多选题】屋架按其形式可分为（   ）。

A. 三角形   B. 拱形

C. 梯形   D. 折线形

E. 直线形

【答案】1.√；2.√；3.×；4. A；5. B；6. B；7. B；8. B；9. AB；10. ABCD

第七章　建筑设备的基本知识

第一节　建筑给水排水系统基础知识

考点 49：给水排水系统基础知识★●

教材点睛 教材 P149～P162

　　法规依据：《建筑给水排水设计标准》GB 50015—2019；

《建筑给水排水及采暖工程施工质量验收规范》GB 50242—2002。

　　1. 建筑给水排水系统的分类、组成

　　（1）建筑给水系统的分类：生活消防给水系统、生产生活给水系统、生产消防给水系统、生活生产消防给水系统。

　　（2）建筑给水系统的组成：由引入管、干管、立管、横支管、支管、附件等组成。

　　（3）建筑排水系统的分类：生活污水排水系统、生产污（废）水排水系统和雨（雪）水排水系统。

　　（4）建筑排水系统的组成：由污（废）水受水器、排水管道、通气管、清通装置和提升设备组成。

　　2. 建筑给水排水系统常用管材、管件、附件及设备

　　（1）给水系统

　　1）常用管材：金属管（焊接钢管、无缝钢管、铜管、铸铁管、铝塑管）；非金属管（塑料给水管、自应力和预应力钢筋混凝土给水管）。

　　2）常用管件：钢管件、焊接钢管管件、无缝钢管管件、可锻铸铁管件、铸铁管件、硬聚氯乙烯管件和给水用铝塑管管件。

　　3）附件分为配水附件（用以调节和分配水量）和控制附件（用以启闭管路、调节水量和水压）两大类。

　　4）水表：计量用户用水量的仪表。建筑给水系统中广泛应用的是流速式水表。常用的有流速式水表（分为旋翼式和螺翼式两类）和智能卡付费水表（IC 卡水表）。

　　5）常用设备：贮水设备、升压设备、气压给水设备。

　　（2）排水系统

　　1）常用管材：建筑排水塑料管、排水铸铁管。

　　2）常用管件：排水铸铁管件、硬聚氯乙烯管件。

　　3）常用附件：存水弯、检查口、清扫口、雨水斗等。

　　4）常用卫生器具：按使用功能分为便溺用卫生器具、盥洗淋浴用卫生器具、洗涤用卫生器具、专用卫生器具四大类。

教材点睛 教材 P149～P162(续)

3. 建筑给水排水系统安装及质量验收标准

(1) 室内给水系统安装的基本技术要求【详见 P153】。

(2) 室内排水系统安装的基本技术要求【详见 P153～P154】。

(3) 建筑给水排水管道系统安装质量验收标准【详见 P154～P162】。

巩固练习

1.【判断题】焊接钢管的直径规格用公称直径"DN"表示。　　　　　　　　　　　　　　　　（　　）

2.【判断题】在建筑给水排水管道系统安装质量验收中，室内给水管道的水压试验可不符合设计要求。　　　　　　　　　　　　　　　　　　　　　　　　　　　　　　　（　　）

3.【单选题】将接缝钢管分成普通管、加厚管和薄壁管三种，是根据（　　）进行分类的。

A. 钢管壁厚度　　　　　　　　　　　　B. 钢管长度

C. 钢管内径　　　　　　　　　　　　　D. 钢管材质

4.【单选题】铝塑管常用的外径等级一共有（　　）个。

A. 10　　　　　　　　　　　　　　　　B. 11

C. 12　　　　　　　　　　　　　　　　D. 13

5.【单选题】排水铸铁管的水压试验水压为（　　）。

A. 1.45MPa　　　　　　　　　　　　　B. 1.46MPa

C. 1.47MPa　　　　　　　　　　　　　D. 1.48MPa

6.【单选题】将卫生器具分为便溺用卫生器具、淋浴用卫生器具、洗涤用卫生器具和专用卫生器具，主要是根据（　　）进行分类的。

A. 使用功能　　　　　　　　　　　　　B. 结构特点

C. 使用人员　　　　　　　　　　　　　D. 布置位置

7.【单选题】给水及热水供应系统的金属管道立管管卡在楼层高度大于 5m 时，每层安装不得小于（　　）。

A. 1个　　　　　　　　　　　　　　　B. 2个

C. 3个　　　　　　　　　　　　　　　D. 4个

8.【单选题】在建筑给水排水管道系统安装质量验收中，生活给水系统管道在交付使用前应做的检查是（　　）。

A. 观察和开启阀门、水嘴等放水　　　　B. 检查有关部门提供的检测报告

C. 观察或局部解剖检查　　　　　　　　D. 尺量检查

9.【单选题】在建筑给水排水管道系统安装质量验收中，给水引入管和排水管的水平净距的检验方法是（　　）。

A. 观察和开启阀门、水嘴等放水　　　　B. 检查有关部门提供的检测报告

C. 观察或局部解剖检查　　　　　　　　D. 尺量检查

10.【单选题】管道及设备保温层的厚度和平整度的检验方法是（　　）。

A. 观察和开启阀门、水嘴等放水   B. 用钢针刺入

C. 观察或局部解剖检查   D. 尺量检查

11.【单选题】在建筑给水排水管道系统安装质量验收中，通水试验的检验方法是(　　)。

A. 观察和开启阀门、水嘴等放水   B. 检查有关部门提供的检测报告

C. 观察或局部解剖检查   D. 尺量检查

12.【单选题】在建筑给水排水管道系统安装质量验收中，埋地管道防腐层材质和结构应进行的试验方法是(　　)。

A. 观察和开启阀门、水嘴等放水   B. 检查有关部门提供的检测报告

C. 观察或局部解剖检查   D. 尺量检查

13.【多选题】无缝钢管按制造方式可分为(　　)。

A. 热轧   B. 冷轧

C. 热拉   D. 冷拉

E. 冷压

14.【多选题】卫生器具按使用功能进行分类，可分为(　　)。

A. 溺用卫生器具   B. 淋浴用卫生器具

C. 洗涤用卫生器具   D. 专用卫生器

E. 排水卫生器具

【答案】1.√；2.×；3.A；4.B；5.C；6.A；7.B；8.B；9.D；10.B；11.A；12.C；13.AB；14.ABCD

第二节　建筑供暖系统基础知识

考点50：供暖系统基础知识★●

教材点睛 教材P162～P175

法规依据：《民用建筑供暖通风与空气调节设计规范》GB 50736—2012；

《工业建筑供暖通风与空气调节设计规范》GB 50019—2015；

《建筑给水排水及采暖工程施工质量验收规范》GB 50242—2002。

1. 供暖系统的分类

(1) 按作用范围的大小：分为局部供暖系统、集中供暖系统和区域供暖系统。

(2) 按使用热介质的种类不同：分为热水供暖系统、蒸汽供暖系统、热风供暖系统。

(3) 按散热器连接的供回水立管：分为单管系统、双管系统。

2. 供暖系统的组成：由热源（如锅炉）、供暖管道（室内外供暖管道）和散热设备（各种散热器、辐射板、暖风机等）三部分组成，此外还有辅助设备（如膨胀水箱、水泵、排气装置、除污器等）。

3. 供暖系统常用管材、设备及附件

(1) 常用管材

1) 金属管材：焊接钢管、无缝钢管。常用的连接方法有螺纹连接、法兰连接和焊接。

2) 非金属管材：在低温热水地面辐射供暖系统中，常用的加热管有铝塑复合管（以 XPAP 或 PAP 标记）、聚丁烯管（以 PB 标记）、交联聚乙烯管（以 PE-X 标记）、无规共聚聚丙烯管（以 PP-R 标记）、嵌段共聚聚丙烯管（以 PP-B 标记）、耐热聚乙烯管（以 PE-RT 标记）。

3) 其他材料：绝热材料、发热电缆等。

(2) 设备：散热器（钢制散热器、铝制柱翼状散热器）、散热器的组对材料、辅助设备（膨胀水箱、排气装置、除污器、疏水器、温控与热计量装置等）。

(3) 附件：补偿器（自然补偿器、方形补偿器、单向套管补偿器）、减压阀（活塞式、波纹管式及薄膜式）。

4. 地面辐射供暖系统分类及组成

(1) 按热媒：分为低温热水地面辐射供暖系统和发热电缆地面辐射供暖系统。

(2) 系统材料组成：包括加热管、分水器、集水器及其连接管件和绝热材料等。

5. 室内供暖管道安装及质量验收标准【详见 P168～P175】

巩固练习

1.【判断题】金属管材常用的连接方法有螺纹连接、法兰连接和焊接。　　　　（　　）

2.【判断题】发热电缆的外径不宜小于 5mm。　　　　　　　　　　　　　　（　　）

3.【单选题】加厚焊接钢管用于输送流体工作压力小于或等于(　　)的管路。

A. 1.4MPa　　　　　　　　　　　　　　　　B. 1.5MPa

C. 1.6MPa　　　　　　　　　　　　　　　　D. 1.7MPa

4.【单选题】无缝钢管适用于城镇室外供热管道，一般直径小于 50mm 时，选用(　　)。

A. 冷拔钢管　　　　　　　　　　　　　　　B. 冷轧钢管

C. 热轧钢管　　　　　　　　　　　　　　　D. 冷拉钢管

5.【单选题】将地面辐射供暖系统分为低温热水地面辐射供暖系统和发热电缆地面辐射供暖系统，是按照(　　)进行分类的。

A. 供暖系统位置　　　　　　　　　　　　　B. 供暖系统热媒

C. 传热方式　　　　　　　　　　　　　　　D. 发热方式

6.【单选题】散热器支管的坡度应为(　　)，坡向应有利于排气和泄水。

A. 1%　　　　　　　　　　　　　　　　　　B. 2%

C. 3%　　　　　　　　　　　　　　　　　　D. 4%

7.【单选题】供暖系统的相关材料进场时应经(　　)认可，同时形成相应的验收记录。

    A. 项目经理   B. 资料员

    C. 监理工程师   D. 技术负责人

8.【单选题】当供暖热媒为(　　)的高温时，管道可拆卸件应使用法兰，不得使用长丝和活接头。

    A. 90～110℃   B. 100～120℃

    C. 110～130℃   D. 120～140℃

9.【单选题】焊接钢管管径大于(　　)的管道转弯，在作为自然补偿时应使用煨弯。

    A. 30mm   B. 32mm

    C. 34mm   D. 36mm

10.【单选题】加热盘管弯曲部分不得出现硬折弯现象，塑料管曲率半径不应小于管道外径的(　　)。

    A. 3 倍   B. 5 倍

    C. 8 倍   D. 10 倍

11.【多选题】供暖系统主要组成包括(　　)。

    A. 热源   B. 供暖管道

    C. 散热设备   D. 加热设备

    E. 热量收集装置

12.【多选题】按照使用热源介质的种类的不同，供暖系统主要分为(　　)。

    A. 热水供暖系统   B. 蒸汽供暖系统

    C. 热风供暖系统   D. 煤炭供暖系统

    E. 电力供暖系统

【答案】1.√；2.×；3.C；4.A；5.B；6.A；7.C；8.C；9.B；10.C；11.ABC；12.ABC

第三节　建筑通风与空调系统基础知识

考点 51：通风空调系统基础知识★●

<u>**教材点睛**</u> 教材 P175～P186

1. 通风空调系统分类

（1）通风系统：按通风系统的工作动力不同，可分为自然通风和机械通风两种。

（2）空调系统：按空气处理设备设置的情况，可分为集中式空调、分散式空调和半集中式空调三种类型。

2. 通风空调系统组成

（1）局部通风系统的组成【详见 P175 图 7-15】；机械通风系统组成【详见 P175 图 7-16】。

（2）空调系统：由冷热源、空气处理设备、空气输送管网、室内空气分配装置及调节控制设备等组成。

3. 通风与空调系统常用板材、管材、管件

（1）常用风管的材料：金属薄板（普通薄钢板、镀锌薄钢板、塑料复合钢板、不锈钢板、铝及铝合金板）；非金属材料（硬聚氯乙烯塑料板、玻璃钢）；辅助材料（垫料、紧固件、消耗材料）。

（2）常用保温材料：珍珠岩类、蛭石类、硅藻土类、泡沫混凝土类、软木类、石棉类、玻璃纤维类、泡沫塑料类、矿渣棉类、岩棉类。

（3）常用防腐涂料：防锈漆、底漆、沥青漆、面漆。

（4）常用风管管件：弯头、三通、来回弯、法兰盘、阀门、送风口、回风口、柔性短管等。

4. 高层建筑防烟排烟

（1）防火分区和防烟分区

1）防火分区之间用防火墙、防火卷帘和耐火楼板进行隔断。高层建筑竖向以楼板作为隔断。

2）防烟分区在防火分区内划分，其间用隔墙、挡烟垂壁等分隔，每个防烟分区建筑面积不宜大于 $500m^2$。

（2）建筑物的防排烟：采用可开启外窗的自然排烟设施、机械加压送风设施、机械排烟设施。

（3）防排烟装置：风机、防排烟阀门（根据功能主要分为防火阀、正压送风口和排烟阀三大类）。

5. 通风空调系统管道安装质量验收【详见 P178～P186】

巩固练习

1.【判断题】通风系统按通风系统的作用范围不同可分为局部通风和全面通风。

（　　）

2.【判断题】防火分区的划分通常在建筑项目评估阶段完成。（　　）

3.【判断题】通风与空调风管系统中输送空气温度高于 60℃ 的风管时，应按设计规定采取防护措施。（　　）

4.【单选题】高度在（　　）以上的建筑物，由于人员疏散比较困难，因此应设有避难层和避难间，对其应设置防烟设施。

A. 90m   B. 100m

C. 110m   D. 120m

5.【单选题】薄钢板法兰形式风管的连接，弹性插条、弹簧或紧固螺栓的间隔不应大于（　　），且分布均匀，无松动迹象。

A. 100mm   B. 150mm

C. 200mm   D. 250mm

6.【单选题】真空吸尘系统三角的夹角不得大于（　　），四通制作应采用两个斜三通的做法。

A. 40℃   B. 45℃

C. 50℃   D. 55℃

7.【单选题】风管法兰绝热层的厚度不应低于风管绝热层厚度的（　　）。

A. 60%   B. 70%

C. 80%   D. 90%

8.【多选题】通风系统按照其工作动力不同，可分为（　　）。

A. 自然通风   B. 机械通风

C. 局部通风   D. 全面通风

E. 四周通风

9.【多选题】空调系统按照处理设备设置的情况不同，可分为（　　）。

A. 集中式空调   B. 半集合式空调

C. 半集中式空调   D. 集合式空调

E. 分散式空调

10.【多选题】在常用的风管材料中，冷轧钢板一般型号为（　　）。

A. Q195   B. Q215

C. Q23s   D. Q32s

E. Q425

11.【多选题】防火排烟的阀门种类很多，根据其功能可分为（　　）。

A. 排烟口   B. 正压送风口

C. 排烟阀   D. 防火阀

E. 接风口

【答案】1.√；2.×；3.×；4.B；5.B；6.B；7.C；8.AB；9.ACE；10.ABC；11.BCD

第四节　建筑电气基础知识

考点 52：电气基础知识★●

教材点睛 教材 P186～P199

法规依据：《施工现场临时用电安全技术规范》JGJ 46—2005；

《民用建筑电气设计标准》GB 51348—2019；

《建筑电气工程施工质量验收规范》GB 50303—2015；

《智能建筑设计标准》GB 50314—2015；

《智能建筑工程质量验收规范》GB 50339—2013。

1. 常用建筑电气设备

（1）建筑电气设备：供配电设备、动力设备、照明设备、低压电器设备、楼宇智能化设备、导电材料。

（2）常用电气元件：刀开关、低压断路器、低压熔断器、漏电保护断路器、三相电力变压器等。

（3）配电线路导线和电缆

1）常用导电材料：主要以铜、铝、钢为主。铜电阻率小，延展性强，耐腐蚀；铝导电性能仅次于铜，机械强度为铜的一半，耐腐蚀性较铜差、延展性好、易加工，资源丰富。

2）常用导线（电线）：分为裸导线和绝缘导线。

3）电缆：一种多芯导线，即在一个绝缘软套内裹有多根相互绝缘的线芯。电缆线路与一般线路比较，一次性成本较高，维修困难，但绝缘能力和力学性能比较好。

4）母排（汇流排）：用来汇集和分配电流。按材质可分为铜母线、铝母线、钢母线，按其软硬程度可分为硬母线和软母线。

2. 建筑电气系统

（1）建筑电气系统：建筑供配电系统、建筑照明电气系统、动力及控制系统。

（2）建筑供配电系统：从电力网引入电源，经过电压变换，再分配给各用电设备使用。

1）衡量电力系统电能质量的指标：频率质量、电压质量和波形质量。

2）建筑供电系统：由高压电源、变配电所和输配电线路组成。

3）室外配电线路、室内配电线路的安装要求【详见 P190~P192】。

（3）建筑施工现场临时用电

1）临时用电的供配电方式采用电源中性点直接接地的 380/220V 三相五线制供电，施工现场内不允许架设高压电线。施工现场的配电线路，主干线一般采用架空敷设方式，特殊情况下可采用电缆敷设。

2）建筑施工现场用电采取分级配电制度，配电箱一般为三级设置：总配电箱、分配电箱和开关箱。每台机械都应有专用的开关箱，即"一机、一闸、一漏、一箱"。

3）不同用途的配电箱用颜色区分：红色为消防箱，浅驼色为照明箱或普通低压配电箱，灰色为动力箱。

4）施工现场临时用电管理：建立安全技术档案；临时用电工程必须经编制、审核、批准部门和使用单位共同验收，合格后方可投入使用；现场临时用电工程应定期检查。

（4）建筑物防雷

1）根据雷电的危害方式不同，可分为直击雷、雷电感应、雷电波侵入、球状雷电。

2）防直击雷的措施：安装避雷装置。避雷装置由接闪器、引下线和接地装置三部分组成。

3）防雷电感应的措施：将建筑物内部的设备金属外壳、金属管道、构架、钢窗电缆外皮以及突出屋面的水管、风管等金属物件与接地装置可靠连接。

4）防雷电波侵入的措施：进入建筑物的各种线路及金属管道全线埋地引入，在入户处与接地装置连接。

（5）安全用电

1）电流对人体的伤害主要分为电击和电伤两大类。

2）安全措施：①对电气系统、电气设备采用保护接地和保护接零。②操作人员应站在绝缘座或绝缘毯上，并佩戴防护用具（绝缘台、垫、靴、手套、绝缘棒、钳、电压指示器和携带式临时接地装置等）。

3. 建筑电气照明系统

（1）建筑照明电气系统由照明装置（灯具）及其电气部分（照明配电、照明控制电器、照明线路）组成。

（2）建筑电气照明的种类：正常照明、应急照明（包括疏散照明、安全照明、备用照明）、值班照明、警卫照明、障碍照明。

（3）常用照明电光源和灯具

1）电光源根据发光原理的不同，分为热辐射发光光源（白炽灯和卤钨灯）、气体放电发光光源（荧光灯、高压汞灯、高压钠灯、金属卤化物灯等）和其他发光光源（场致发光灯/屏、LED 发光二极管、光纤照明）。

2）建筑照明灯具按安装方式分为悬吊式灯具、吸顶灯具、嵌入式灯具、壁灯、落地灯、可移式灯具。

（4）照明供电线路

1）照明负荷按重要性不同可分为一级负荷、二级负荷、三级负荷。

2）照明供电系统由进户线、配电箱、干线和支线组成。

3）照明配电箱由箱体、箱盖、汇流排（接线端子排）、断路器安装支架等部分组成。

（5）照明配电箱、灯具、开关、插座、风扇及建筑供配电及节能的安装要求【详见 P196～P198】。

4. 智能建筑系统

主要包括火灾自动报警及消防联动系统、通信网络系统、建筑设备监控系统、安全防范系统、信息网络系统、综合布线系统、智能化系统集成等。

巩固练习

1.【判断题】导电材料属于建筑电气设备。　　　　　　　　　　　　　　　（　　）

2.【判断题】低压断路器又称为手动空气开关。　　　　　　　　　　　　　（　　）

3.【判断题】三相电力变压器的主要作用是将低压电能转换为高压电能向建筑物供电。　　　　　　　　　　　　　　　　　　　　　　　　　　　　　（　　）

4.【单选题】裸导线的文字符号标注中，铜用字母（　　　）表示。

A. F　　　　　　　　　　　　　　　B. T

C. L
D. G

5. 【单选题】电缆引入建筑时，所穿保护管应超出建筑物散水（　　）。

A. 80mm
B. 90mm
C. 100mm
D. 110mm

6. 【单选题】避雷针一般高出屋面（　　）。

A. 80～120mm
B. 90～140mm
C. 100～150mm
D. 110～160mm

7. 【单选题】电流对人体的伤害主要包括（　　）。

A. 电击和电伤
B. 触电和电击
C. 触电和电伤
D. 触电和麻痹

8. 【单选题】CATV 系统又称为（　　）。

A. 共用天线电视接收系统
B. 监控电视接收系统
C. 中央电视接收系统
D. 有线电视接收系统

9. 【多选题】常用的低压熔断器有（　　）。

A. RC1A 系列瓷插式
B. RL1 系列螺旋式
C. RM 系列有填料封闭管式
D. 快速熔断器
E. 自复式熔断器

10. 【多选题】建筑电气系统主要有（　　）。

A. 建筑供配电系统
B. 建筑照明电气系统
C. 动力及控制系统
D. 智能建筑系统
E. 门窗系统

11. 【多选题】照明配电箱根据安装的方式不同，可分为（　　）。

A. 明装式
B. 嵌入式
C. 组装式
D. 预配式
E. 连接式

12. 【多选题】火灾报警控制器一般分为（　　）。

A. 区域报警控制器
B. 集中报警控制器
C. 分散报警控制器
D. 通用报警控制器
E. 局部报警控制器

【答案】1. √；2. ×；3. ×；4. B；5. C；6. C；7. A；8. A；9. ABDE；10. ABCD；11. AB；12. ABD

第八章 工程预算的基本知识

第一节 工程造价的构成

考点53：工程造价的构成●

> **教材点睛** 教材 P200～P208
>
> **1. 工程造价的基本知识**
>
> （1）工程造价的含义
>
> 1）站在投资者角度：工程造价是建设一项工程预期或实际开支的全部固定资产的投资费用。
>
> 2）站在建筑工程角度：工程造价是建设项目总投资中的建筑安装工程费用（工程发承包价格）。
>
> （2）基本建设造价文件分类【详见 P200 图 8-1】
>
> **2. 按费用构成要素划分的建筑安装工程费用**【详见 P202 图 8-2】
>
> **3. 按造价形式划分的建筑安装工程费用**【详见 P206 图 8-3】

第二节 工程造价的定额计价方法的概念

考点54：定额计价方法●

> **教材点睛** 教材 P208～P209
>
> **1. 建筑工程费用计价方法**
>
> 根据《建筑工程施工发包与承包计价管理办法》（建设部令第107号）的规定，发包与承包价的计算方法分为工料单价和综合单价法。
>
> （1）工料单价法计价程序【详见 P208 图 8-4】。
>
> （2）综合单价法计价程序
>
> 1）全费用综合单价（直接工程费、措施费、间接费、利润和税金）
>
> 工程承发包价格＝∑综合单价×分项工程量。
>
> 2）部分费用综合单价（直接工程费、间接费、利润和税金）
>
> 工程承发包价格＝（∑综合单价×分项工程量）＋措施费。
>
> **2. 市政工程费用计价方法**
>
> 与建筑工程费用计价方法相同；市政工程费用计价时，使用的是市政工程定额和市政工程工程量计算规则。

巩固练习

1. 【判断题】标底、标价的编制方法和施工图预算的编制方法不同。　　　　（　　）
2. 【判断题】工会经费是指企业按职工工资总额计提的工会费用。　　　　（　　）
3. 【判断题】建筑工程一般以直接费为计算基础进行计价。　　　　　　　（　　）
4. 【判断题】市政工程费用计价方法与建筑工程计价方法是相同的。　　　（　　）
5. 【单选题】投资估算在工程项目的（　　）进行。

A. 立项阶段　　　　　　　　　　　　　B. 设计阶段

C. 施工阶段　　　　　　　　　　　　　D. 验收阶段

6. 【单选题】设计概预算由（　　）编制。

A. 建设单位　　　　　　　　　　　　　B. 施工单位

C. 设计单位　　　　　　　　　　　　　D. 建立单位

7. 【多选题】直接工程费包括（　　）。

A. 人工费　　　　　　　　　　　　　　B. 材料费

C. 施工机械使用费　　　　　　　　　　D. 场地费

E. 运输费

8. 【多选题】根据《建筑工程施工发包与承包计价管理办法》（建设部令第 107 号）的规定，发包和承包价的计算方法分为（　　）。

A. 工料单价法　　　　　　　　　　　　B. 综合单价法

C. 材料单价法　　　　　　　　　　　　D. 单品单价法

E. 局部单价法

9. 【多选题】工料单价法中，计算程序主要分为（　　）。

A. 直接费　　　　　　　　　　　　　　B. 人工费＋机械费

C. 人工费　　　　　　　　　　　　　　D. 直接费＋人工费

E. 直接费＋机械费

【答案】1. ×；2. √；3. √；4. √；5. A；6. C；7. ABC；8. AB；9. ABC

第三节　工程造价的工程量清单计价方法的概念

考点 55：工程量清单计价法●

> 教材点睛　教材 P209～P211
>
> **1. 工程量清单计价的概念**
>
> （1）工程量清单计价的概念
>
> 1）工程量清单计价：由招标人按照国家统一的工程量计算规则提供工程量清单，投标人依据工程量清单自主报价，并按照经评审合理低价中标的计价模式。

2) 建设工程项目的工程量清单：由分部分项工程量清单、措施项目清单、其他项目清单、规费项目清单和税金项目清单五部分组成。

（2）工程量清单计价的意义

实行工程量清单计价，建设工程造价实行政府宏观调控，企业自主报价，市场竞争形成价格，有利于促进建设市场有序竞争和企业健康发展。

（3）工程量清单计价规范

1) 现行工程量清单计价规范：《建设工程工程量清单计价规范》GB 50500—2013。

2) 《建设工程工程量清单计价规范》GB 50500—2013 中 9 个专业工程工程量计算规范：房屋建筑与装饰工程、仿古建筑工程、通风安装工程、市政工程、园林绿化工程、矿山工程、构筑物工程、城市轨道交通工程、爆破工程。

（4）工程量清单计价的范围

凡使用国有资金投资的建设工程发承包，必须采用工程量清单计价；非国有资金投资的建设工程，宜采用工程量清单计价。

2. 工程量清单计价方法：是综合单价计价。

巩固练习

1.【判断题】《建设工程工程量清单计价规范》GB 50500—2013 规定，凡是国有资金投资的建设工程发承包，必须采用工程清单计价。（　　）

2.【判断题】工程量清单计价由投标人依据工程量清单自主报价。（　　）

3.【判断题】工程量清单计价与传统的定额计价模式相比，由过去的政府控制价格转变为市场形成价格。（　　）

4.【单选题】《建设工程工程量清单计价规范》GB 50500—2013 由规范正文和（　　）个专业工程工程量计算规范组成。

A. 7　　　　　　　　　　　　　　　B. 8

C. 9　　　　　　　　　　　　　　　D. 10

5.【单选题】综合单价法计价程序的最后一步是（　　）。

A. 计算措施项目费　　　　　　　　B. 计算税金

C. 计算分部分项工程费　　　　　　D. 计算单位工程造价

6.【单选题】工程量清单计价是按照经评审合理（　　）中标的计价模式。

A. 高价　　　　　　　　　　　　　B. 低价

C. 中间价　　　　　　　　　　　　D. 高分

7.【单选题】《建设工程工程量清单计价规范》GB 50500—2013 规定，工程量清单应采用（　　）。

A. 综合单价计价　　　　　　　　　B. 工料单价计价

C. 两种都行　　　　　　　　　　　D. 两种都不行

8.【多选题】建设工程项目的工程量清单组成部分有（　　）。

A. 检验批工程量清单   B. 措施项目清单
C. 其他项目清单   D. 规费项目清单
E. 税金项目清单

【答案】1. √；2. √；3. √；4. C；5. D；6. B；7. A；8. BCDE

第四节　施工预算、结算和决算的概念

考点 56：施工预算、结算、决算●

教材点睛 教材 P211～P213

1. 施工预算：用来确定施工成本计划目标值的依据。

2. 工程结算

（1）工程结算：反映了结算部位的实际造价。根据不同情况采用按月结算、竣工后一次结算、分段结算等多种方式。

（2）竣工结算：确定工程竣工结算总造价的经济文件。

竣工结算编制的基本方法：竣工结算价＝合同价＋调整价。

3. 竣工决算

（1）竣工决算的含义：建设项目竣工验收后，建设单位根据竣工结算及相关技术经济文件编制的，用以确定整个建设项目从筹建到竣工投产全过程实际总投资的经济文件，是竣工报告的主要组成部分。

（2）竣工决算的组成：竣工结算工程造价、设备购置费、勘察设计费、征地拆迁费和其他一切全部建设费用的总和。

巩固练习

1.【判断题】竣工结算是竣工报告的主要组成部分，也是工程建设程序的最后一环。

(　　)

2.【单选题】施工预算在(　　)编制。
A. 项目评估阶段   B. 项目设计阶段
C. 项目施工阶段   D. 项目验收阶段

3.【单选题】竣工结算的编制单位是(　　)。
A. 建设单位   B. 施工单位
C. 设计单位   D. 监理单位

4.【单选题】(　　)是用来确定施工成本计划目标值的依据。
A. 施工预算   B. 施工概算
C. 设计概算   D. 设计预算

5.【单选题】竣工决算不包括(　　)。

A. 噪声扰民补偿费　　　　　　　　B. 设备购置费

C. 征地拆迁费　　　　　　　　　　D. 勘察设计费

【答案】1. √；2. C；3. B；4. A；5. A

第九章 计算机和相关资料管理软件的应用知识

第一节 计算机系统基础知识

考点 57：计算机系统基础知识●

教材点睛 教材 P214～P221

1. 计算机系统组成及工作原理

(1) 计算机系统组成【详见 P214 图 9-1】。

(2) 计算机系统工作原理【详见 P215 图 9-2】。

2. 计算机硬件的组成及各部件的功能

(1) 计算机硬件系统分布在主机及外部设备中。

(2) 主机包括主板、CPU、内存、硬盘、光驱、电源。外部设备包括键盘、鼠标、显示器、打印机、扫描仪、投影仪等。

1) 主板：其性能决定着整个计算机系统的性能。

2) CPU（中央处理器）功能：解释计算机指令以及处理计算机软件中的数据。其性能决定了整个计算机的性能。

3) 内存：计算机中所有程序的运行都在内存中进行，内存的大小和速度决定了计算机的运行速度。

4) 硬盘：计算机主要的存储设备，由一个或多个的盘片组成。缓存是硬盘控制器上的一块内存芯片，有极快的存取速度，它是硬盘和外界之间的缓冲器，其大小与速度关系到硬盘的传输速度。

5) 光盘：以光信息作为存储物的载体，用来存储数据。光盘的存储容量大，CD光盘的存储容量是 650MB，DVD 光盘的存储容量是 4.7GB（现在存储容量高达18GB）。

6) 移动存储器：以硬盘为存储介质，其便于携带，存储容量大、传输速度快、使用方便，多采用 USB、IEEE1394 等传输速度较快的接口，可以有较高的速度与系统进行数据传输。

7) 扫描仪：主要性能指标是分辨率、灰度级和色彩数。

8) 打印机：计算机系统最基本的输出形式。常用打印机有激光打印机和喷墨打印机。

3. 计算机软件知识

(1) 系统软件：用户和裸机的接口，主要包括操作系统、语言处理程序、数据库管理系统等。

（2）应用软件：用户为解决各种实际问题而编制的计算机应用程序。如微软的 Office 系列软件和工程资料管理软件等办公应用软件。

4. 计算机系统安全知识

（1）保证计算机系统安全和数据安全的措施：备份数据、安装系统补丁、安装杀毒软件等。

（2）恶意软件：通常有非法入侵和网络攻击两种方式。

（3）计算机病毒

1）破坏现象：破坏系统资源、占用系统资源。

2）计算机病毒的传染途径：通过软盘、移动硬盘、光盘和 U 盘等外存设备及网络传染。

3）计算机病毒的预防和处理措施：安装和正确使用杀毒软件。

（4）黑客：原指热心于计算机技术、水平高超的计算机专家，特别是指高水平的编程人员。现泛指那些专门利用系统漏洞在计算机网络上搞破坏或恶作剧的人。

（5）安全防范措施

1）使用安全级别比较高的正版操作系统、数据库管理系统等软件，及时打补丁，修补软件漏洞；安装入侵检测系统、防火墙和防病毒软件。

2）不要轻易打开和相信来路不明的电子邮件；不要从不明网址下载软件；注意网上交易安全和私人信息的保护，尽量避免在网吧等公共场所进行网上电子商务交易。

3）不要选诸如身份证号码、出生日期、电话号码、吉祥数等作为密码，这样的弱密码很容易被破译。

第二节　计算机文字处理应用基本知识

考点 58：计算机文字处理软件的基本操作●

1. Word 的基本操作【详见 P221～P226】

2. Excel 的基本操作【详见 P226～P229】

3. PowerPoint 的基本操作【详见 P229～P235】

巩固练习

1.【判断题】计算机系统由硬件系统和软件系统两部分组成。　　　　　（　　）

2.【判断题】在 Excel 中有"选择性粘贴"选项。　　　　　　　　　　（　　）

3.【单选题】主板的另外一个名称是（　　　　）。

A. 运算器   B. 控制器

C. 存储器   D. 主机板

4.【单选题】CPU 指的是(　　　)。

A. 运算器   B. 控制器

C. 中央处理器   D. 主机板

5.【单选题】"目录"在(　　　)选项卡下面。

A. "开始"   B. "插入"

C. "引用"   D. "视图"

6.【单选题】Excel 中的求和函数是(　　　)。

A. SUM   B. NOW

C. RAND   D. SQRT

7.【单选题】PowerPoint 中骨架性组成部分是(　　　)。

A. 模板   B. 元素

C. 图片   D. 动画

8.【多选题】计算机硬件系统主要包括(　　　)。

A. 显示器   B. 控制器

C. 存储器   D. 输入设备

E. 输出设备

9.【多选题】存储容量是硬盘主要的指标，其常用的单位是(　　　)。

A. MB   B. GB

C. KT   D. MT

E. AB

10.【多选题】计算机系统软件主要包括(　　　)。

A. 操作系统   B. 语言处理程序

C. 数据库管理系统   D. 程序库

E. 软件包

【答案】1.√；2.√；3. D；4. D；5. C；6. A；7. A；8. BCDE；9. AB；10. ABC

第三节　工程资料专业管理软件的应用

考点 59：资料专业管理软件的应用★●

教材点睛 教材 P235～P245

1. 工程资料管理软件的功能、特点与种类

（1）功能：管理、编辑、打印工程资料，可利用关键词查询表格；很大限度地减轻了资料员的工作量，提高了建设单位、监理单位、施工单位的工程效率。

（2）特点：软件数据库采用文件加密形式和管理员授权用户操作资料，确保生成的文件、资源的安全性；输入方式快速、简便；强大的数据库查询；图文并茂，可直接插入各种图形；灵活多样的编辑功能，丰富的资料库、词库；根据相应规范实现自动计算、评判及统计的功能；可按照规程的要求对资料进行分类、组卷以及生成目录；可支持填写范例的功能；支持电子签名；支持自定义表格模板；所见即所得的打印及预览；兼容 Word、Excel，满足不同的施工资料编制与管理需要。

（3）种类：PKPM 工程资料软件、品茗施工资料软件、筑业资料软件、恒智天成资料软件等。

2. 工程资料管理软件的新建、保存、删除、导入、导出【详见 P236～P238】

3. 工程资料管理软件技术资料编辑的方法【详见 P238～P243】

4. 工程资料管理软件技术资料组卷的方法【详见 P243～P245】

5. 工程资料管理电子文件安全管理措施：设置用户登录密码并定期修改；对备档文件进行加密保护。

巩固练习

1.【判断题】工程资料管理软件可以很好地提高建设单位、监理单位、施工单位的工作效率。　　　　　　　　　　　　　　　　　　　　　　　　　　（　　）

2.【判断题】自定义表格定义完成后，必须保存为表样。　　　　　　　　（　　）

3.【判断题】组卷就是按照资料类别和对组卷的要求，将各个表格保存到指定路径。
　　　　　　　　　　　　　　　　　　　　　　　　　　　　　　　　（　　）

4.【单选题】建设单位组卷资料记录文件的扩展名是（　　）。

A. 表　　　　　　　　　　　　　　　　B. 格

C. 文　　　　　　　　　　　　　　　　D. 档

5.【单选题】文件加密中，"加密文件"在菜单（　　）下。

A. "文件"　　　　　　　　　　　　　B. "插入"

C. "引用"　　　　　　　　　　　　　D. "开始"

6.【单选题】用工程资料管理软件来管理日常的资料，以（　　）的形式调用，可以比较系统化。

A. 数据库　　　　　　　　　　　　　B. 目录树

C. 资料库　　　　　　　　　　　　　D. 备份库

7.【单选题】工程资料管理软件资料库提供的内容不包括（　　）。

A. 施工方案　　　　　　　　　　　　B. 施工工艺标准

C. 质量预控　　　　　　　　　　　　D. 通病防治

8.【单选题】工程资料管理软件安装完成后，第一次运行软件时，自动进入开始向导界面。系统默认以管理员身份 admin 登录，密码为（　　）。

A. 0000　　　　　　　　　　　　　　B. 空

C. 1111   D. 2222

9.【多选题】在工程资料管理软件中，必备的通用功能包括（   ）。

A. 创建   B. 保存

C. 删除   D. 导入

E. 导出

10.【多选题】为有效地保证计算机系统的安全，可采取的措施是（   ）。

A. 数据备份   B. 安装系统补丁

C. 安装杀毒软件   D. 随意安装软件

E. 接入设备乱用

【答案】1.√；2.√；3.√；4. A；5. A；6. B；7. A；8. B；9. BCDE；10. ABC

第十章　文秘与公文写作的基本知识

第一节　公文写作的基本知识

考点 60：公文写作基本知识●

教材点睛　教材 P246～P259

1. 公文的类型及写作一般步骤

（1）公文的类型

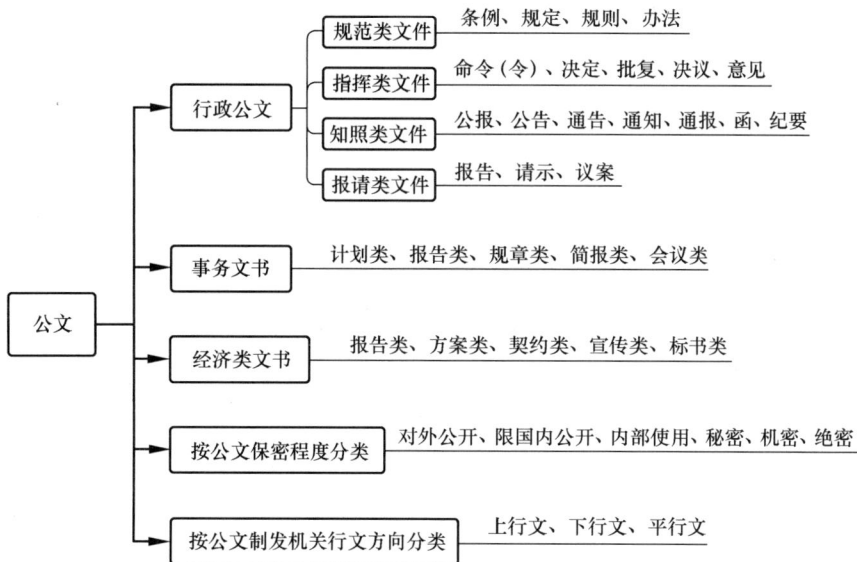

（2）公文写作的一般步骤

1）公文写作的内容要求：合法、求实、合体、简明、严谨、准确、规范、完整、清晰、耐久。

2）公文写作步骤：写作前的准备（①确定行文关系和行文名称；②作必要的调查研究；③确立主题并构思谋篇）→撰拟文稿（①安排好结构；②拟出写作提纲；③正式撰拟文稿）→审核修改（①审核；②修改；③定稿）。

2. 企业常用文书写作

（1）计划的拟写格式

1）文书式：由标题、正文、署名三部分组成。

2）表格式：栏目包括序号、工作内容、时间要求、承办单位、责任人等项。

3）表格与文书相结合：由计划表格、计划的编制说明两部分组成。

4）计划拟写注意事项：①计划的拟订要符合实际，要便于操作；②计划的语言要简明扼要，条理清楚。

（2）通知：按其性质功能可分为颁转性通知、指示性通知、周知性通知和会议通知。

（3）规章制度

1）规章制度包括行政法规、章程、制度、公约四大类。

2）规章制度一般由标题、正文、署名和日期组成。

（4）请示（用于向上级单位请求指示、批准的一种上行公文）

1）请示的分类：①请求指示；②请求批准；请求批转。

2）请示的写作格式：由标题、主送单位、正文（请示的原因、内容、要求三部分）、发文单位、日期五部分组成。

3）正文写作要求：①请示时应将理由陈述充分，提出的解决方案应具体，切实可行；②请求拨款的请示，应附预算表；③请求批准规章制度的，应附规章制度的内容；④请示处理问题的，本单位应先明确表态。

（5）合同

1）建筑工程合同的种类

① 按合同的适用范围分类：建筑工程勘察和设计合同、建筑工程施工合同和建筑工程安装合同。

② 按承包方式分类：总包合同、分包合同、联合承包合同、设计-施工一体化承包合同。

③ 按方式分类：总价合同、单位合同、按工程成本取费合同。

2）建筑工程合同由标题、正文、署名、日期四部分组成。

（6）报审表

1）报审表的结构和写法：制式表格，便于填写，审阅简便，其格式一般较为固定。

2）写作要求：资料翔实性、时间及时性、语言简明性。

（7）报验单

1）报验单的分类：工程材料/构配件/机械设备报验单、施工测量放线报验单、工程报验单、工程竣工预验报验单。

2）写作格式和要求：制式表格；资料内容要翔实、语言简明、意见中肯。

（8）工程变更单填写注意事项

1）本表由提出单位填写，经建设、设计、监理、施工等单位协商同意并签字后为有效工程变更单。

2）工程变更单要及时办理，且必须是先变更后施工。

巩固练习

1.【判断题】行政公文是党政机关、社会团体、企事业单位处理日常事务，用来沟通信息、总结经验、探究问题、指导工作的一类文件。 （　　）

2. 【判断题】事务文书在实际使用运行中，可以作为公文的文种来独立行文。（   ）

3. 【判断题】内部使用文件指内容涉及国际秘密，不宜对社会公开，只限在机关内部使用的文件。（   ）

4. 【判断题】根据公文制发机关的行文方向分为上行文、下行文和平行文。（   ）

5. 【单选题】含有重要的国家秘密，泄露会使国家的安全和利益遭受严重损害的文件是（   ）。

A. 内部使用文件　　　　　　　　B. 秘密文件

C. 机密文件　　　　　　　　　　D. 绝密文件

6. 【单选题】简报、大事记属于（   ）。

A. 简报类文书　　　　　　　　　B. 会议类文书

C. 报告类文书　　　　　　　　　D. 规章类文书

7. 【单选题】述职报告、调查报告属于（   ）。

A. 简报类文书　　　　　　　　　B. 会议类文书

C. 报告类文书　　　　　　　　　D. 规章类文书

8. 【多选题】下列行政公文属于指挥类文件的是（   ）。

A. 通告　　　　　　　　　　　　B. 决定

C. 通报　　　　　　　　　　　　D. 意见

E. 纪要

9. 【多选题】企业常用文书写作中，文书式计划从拟写的格式来看，主要分为（   ）。

A. 文书式　　　　　　　　　　　B. 表格式

C. 文书表格结合式　　　　　　　D. 图表式

E. 图表表格结合式

【答案】1. ×；2. ×；3. ×；4. √；5. C；6. A；7. C；8. BD；9. ABC

第二节　文秘工作的基本知识

考点 61：文秘工作基本知识●

> **教材点睛** 教材 P260～P267
>
> **1. 信息收发方式**：电话、电子邮件、传真。
>
> **2. 文件、资料传递、收集、审查及整理**
>
> （1）文件资料收发处理的主要工作程序：包括签收、登记、审核、分送、传阅、拟办、批办、承办、催办、注办、归档等环节。
>
> （2）文件、资料的传递与管理
>
> 1）分送工作的原则和要求

① 已有明确业务分工的文件，根据本单位的主管工作范围分送到有关的领导和主管部门。

② 来文单位答复本单位询问的文件，要按本单位原发文的承办部门或主管人分送。

③ 分送文件要建立并执行登记交接制度，履行签收手续。

④ 要求退回归档的文件，要在文件上注明"阅后请退回归档"字样，及时收回。

2) 传阅文件的要求

① 有密级的文件，按不同的密级要求限定传阅范围。

② 传阅文件要有时间限制时，要严格控制好传阅时间。

③ 文件传阅完毕，必须及时交还给工作人员保管，不得随意存放在个人手中。

④ 每份传阅文件都要由文书部门在文件首页附上文件传阅单。凡传阅人员都要在文件传阅单上签字。

3) 拟办：工作人员对收文应如何办理所提出的初步意见，以供领导批办时参考。提出拟办意见时，要全面考虑，使之科学、合理，并做到简明扼要。

4) 批办：领导对文件如何办理提出最终的批示意见和要求。批示中要给文件承办部门指明办理原则、应注意的问题和办理要求。

5) 承办：按领导批示执行具体的工作任务，办理有关事宜的过程。

6) 催办：解决文件积压和延误，加快工作运转的有效措施。

(3) 文件、资料的整理与立卷归档：文书处理部门将办理完毕的、具有保存价值的文件立卷，向单位档案室移交；将无保存价值的文件按规定销毁。

巩固练习

1.【判断题】文件资料的处理就是指文件资料在单位内部依次运转处理的一系列工作步骤。

2.【单选题】文件资料收发处理的主要工作程序不包括(　　)。

A. 协办   B. 签收

C. 催办   D. 传阅

3.【单选题】下列关于文件、资料分送工作的原则和要求，错误的是(　　)。

A. 已有明确业务分工的文件，根据本单位的主管工作范围分送到有关的领导和主管部门

B. 来文单位答复本单位询问的文件，要分送主管领导

C. 分送文件要建立并执行登记交接制度，履行签收手续

D. 要求退回归档的文件，要在文件上注明"阅后请退回归档"字样，及时收回

4.【单选题】下列关于传阅文件的要求，错误的是(　　)。

A. 有密级的文件，按不同的密级要求限定传阅范围

B. 传阅文件有时间限制时，要严格控制好传阅时间

C. 文件传阅完毕，必须及时交还分管领导，不得随意存放在个人手中

D. 每份传阅文件都要由文书部门在文件首页附上文件传阅单

5.【单选题】完整性是做好工程质量保证资料的基础。为保证资料的完整性,下列做法错误的是(   )。

A. 应设专人及时收集有关工程资料

B. 应根据工程量、批量或批号收集有关工程资料

C. 总承包单位应向分包单位收集相关资料

D. 应收集公开发行的报纸杂志等有关资料

6.【多选题】接听与拨打电话的原则和基本要求包括(   )。

A. 表达规范、正确   B. 礼貌热情、语气清晰和婉

C. 冗长   D. 保密

E. 注意时间

【答案】1. √;2. A;3. B;4. C;5. D;6. ABDE

下 篇

岗位知识与专业技能

知识点导图

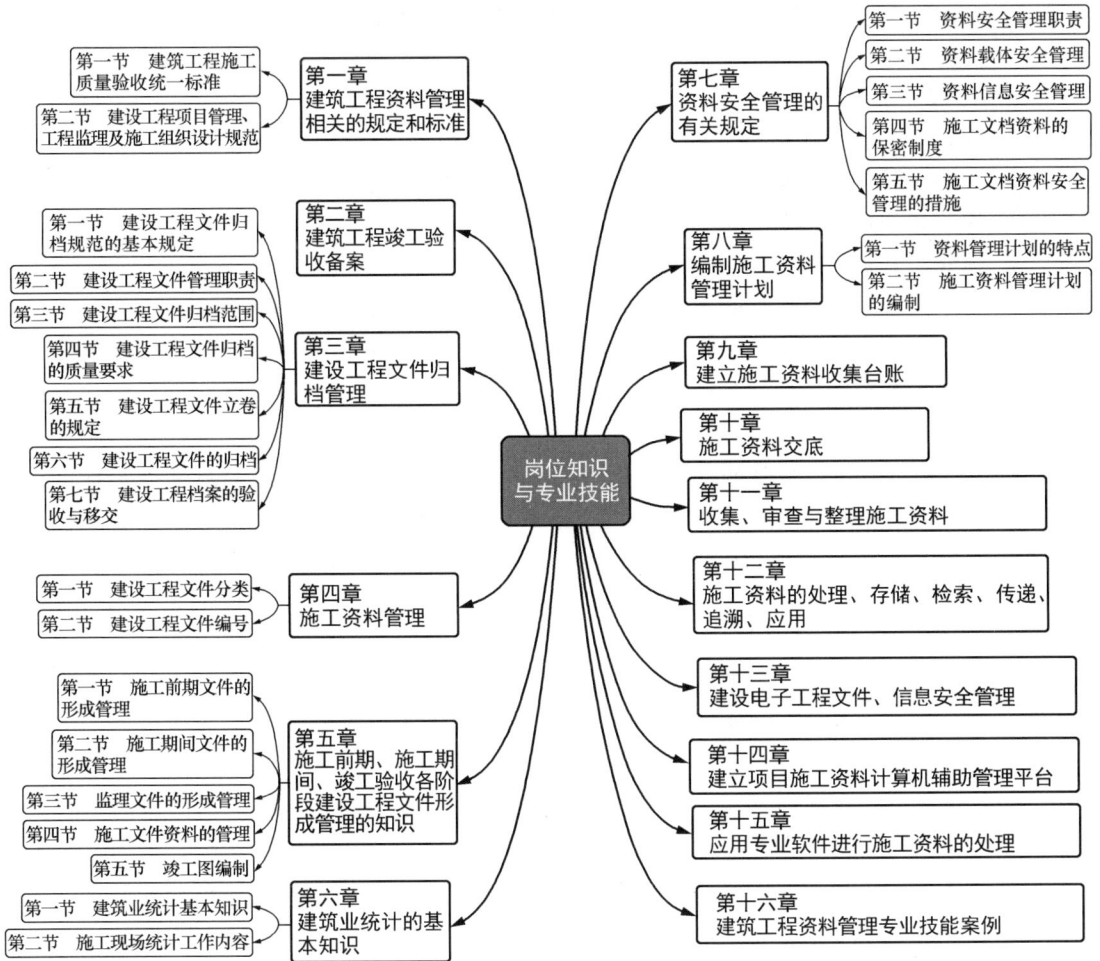

- 第一节 建筑工程施工质量验收统一标准
- 第二节 建设工程项目管理、工程监理及施工组织设计规范

第一章 建筑工程资料管理相关的规定和标准

第二章 建筑工程竣工验收备案

- 第一节 建设工程文件归档规范的基本规定
- 第二节 建设工程文件管理职责
- 第三节 建设工程文件归档范围
- 第四节 建设工程文件归档的质量要求
- 第五节 建设工程文件立卷的规定
- 第六节 建设工程文件的归档
- 第七节 建设工程档案的验收与移交

第三章 建设工程文件归档管理

- 第一节 建设工程文件分类
- 第二节 建设工程文件编号

第四章 施工资料管理

- 第一节 施工前期文件的形成管理
- 第二节 施工期间文件的形成管理
- 第三节 监理文件的形成管理
- 第四节 施工文件资料的管理
- 第五节 竣工图编制

第五章 施工前期、施工期间、竣工验收各阶段建设工程文件形成管理的知识

- 第一节 建筑业统计基本知识
- 第二节 施工现场统计工作内容

第六章 建筑业统计的基本知识

岗位知识与专业技能

第七章 资料安全管理的有关规定
- 第一节 资料安全管理职责
- 第二节 资料载体安全管理
- 第三节 资料信息安全管理
- 第四节 施工文档资料的保密制度
- 第五节 施工文档资料安全管理的措施

第八章 编制施工资料管理计划
- 第一节 资料管理计划的特点
- 第二节 施工资料管理计划的编制

第九章 建立施工资料收集台账

第十章 施工资料交底

第十一章 收集、审查与整理施工资料

第十二章 施工资料的处理、存储、检索、传递、追溯、应用

第十三章 建设电子工程文件、信息安全管理

第十四章 建立项目施工资料计算机辅助管理平台

第十五章 应用专业软件进行施工资料的处理

第十六章 建筑工程资料管理专业技能案例

第一章　建筑工程资料管理相关的规定和标准

第一节　建筑工程施工质量验收统一标准

考点 1：《建筑工程施工质量验收统一标准》GB 50300—2013 相关规定★

教材点睛　教材①P1～P20

1. 建筑工程施工质量控制的基本规定【详见 P1】

2. 建筑工程施工质量验收要求【详见 P1～P2】

3. 建筑工程施工质量验收的划分【详见 P2～P18】

4. 建筑工程施工质量验收

（1）建筑工程质量验收分单位工程、分部工程、分项和检验批四个层次验收。

（2）检查结论填写要求：施工单位填写检查结果，检查结果填写检验批（分项、分部工程）质量验收合格应符合的内容规定；监理（建设）单位填写验收结论。验收结论填写"合格"。

（3）检验批（工程验收的最小单位）质量验收规定：①主控项目的质量经抽样检验均应合格；②一般项目的质量经抽样检验合格；③具有完整的施工操作依据、质量验收记录。

（4）分项工程质量验收规定：①所含检验批质量均验收合格；②所含检验批的质量验收记录应完整。

（5）分部工程质量验收规定：①所含分项工程质量均验收合格；②质量控制资料完整；③有关安全、节能、环境保护和主要使用功能的抽样检验结果符合相关规定；④观感质量符合要求。

（6）单位工程质量验收规定：①所含分部工程质量均验收合格；②质量控制资料完整；③所含分部工程有关安全、节能、环境保护和主要使用功能的检验资料完整；④主要使用功能项目的抽查结果符合相关专业验收规范的规定；⑤观感质量验收符合要求。

5. 建筑工程施工质量验收程序和组织要求

（1）检验批施工质量验收：由专业监理工程师组织施工单位项目专业质量检查员、专业工长等进行验收。填写"检验批或分项工程质量验收记录"。

（2）分项工程施工质量验收：由专业监理工程师组织施工单位项目专业技术负责人等进行验收。

（3）分部工程验收程序：由总监理工程师组织施工单位项目负责人和项目技术负责人等进行验收。

---

① 本书下篇涉及的教材，指《资料员岗位知识与专业技能（第三版）》，请读者结合学习。

教材点睛 教材 P1～P20(续)

1）地基与基础分部工程验收还需勘察、设计单位工程项目负责人和施工单位技术、质量部门负责人参加工程验收。

2）主体结构和建筑节能分部工程验收还需设计单位的项目负责人、施工单位技术、质量部门的负责人参加工程的验收。

（4）单位工程验收程序：施工单位自检→监理单位预验收→施工单位向建设单位提交工程竣工报告和完整的质量控制资料→建设单位项目负责人组织监理、施工、设计、勘察等单位项目负责人进行单位工程验收。

巩固练习

1.【判断题】检验批可根据施工及质量控制和专业验收按照楼层进行划分。（　　）

2.【判断题】通风空调分部中的子分部中的各个分项，可根据施工工程的实际情况一次验收或数次验收。（　　）

3【判断题】建筑给水排水及供暖分部工程中的子分部中的各个分项检验批数量可按系统、区域、施工段或楼层划分。（　　）

4.【单选题】（　　）是最小的验收单位。

A. 单位工程　　　　　　　　　　　B. 分部工程

C. 分项工程　　　　　　　　　　　D. 检验批

5.【单选题】复合式衬砌工程属于（　　）子分部工程。

A. 有支护土方　　　　　　　　　　B. 混凝土工程

C. 地基处理　　　　　　　　　　　D. 地下防水

6.【单选题】砖面层属于（　　）地面子分部工程。

A. 整体　　　　　　　　　　　　　B. 板块

C. 木竹　　　　　　　　　　　　　D. 复合

7.【单选题】室外饰面板工程每（　　）m² 应划分为一个检验批。

A.300～500　　　　　　　　　　　B.500～1000

C.1000～1500　　　　　　　　　　D.1500～2000

8.【单选题】分项工程验收在（　　）合格的基础上进行。

A. 单位　　　　　　　　　　　　　B. 子单位

C. 分部　　　　　　　　　　　　　D. 检验批

9.【单选题】检验批和分项工程应由（　　）组织施工单位项目专业质量（技术）负责人等进行验收。

A. 总监理工程师　　　　　　　　　B. 总监理工程师代表

C. 专业监理工程师　　　　　　　　D. 监理工程师

10.【单选题】下列关于检验批质量验收的说法，不正确的是（　　）。

A. 主控项目的质量经抽样检验均应合格

B. 一般项目的质量经抽样检验合格

C. 主要使用功能抽查结果符合规范规定

D. 具有完整的施工操作依据、质量验收记录

11.【多选题】检验批的验收应按（　　）项目验收。

A. 主控 　　　　　　　　　　　　　B. 一般

C. 使用 　　　　　　　　　　　　　D. 安全

E. 主要

12.【多选题】当分部工程较大或较复杂时，可按（　　）等划分为若干子分部。

A. 材料种类 　　　　　　　　　　　B. 施工特点

C. 施工程序 　　　　　　　　　　　D. 专业系统及类别

E. 专业设备及类别

13.【多选题】地面节能工程包括（　　）分项。

A. 面层 　　　　　　　　　　　　　B. 结构基层

C. 保温层 　　　　　　　　　　　　D. 加固材料

E. 保护层

14.【多选题】下列关于单位工程质量验收的说法，符合规定的是（　　）。

A. 质量控制资料完整

B. 所含分部工程质量均验收合格

C. 主要使用功能抽查结果符合验收规范规定

D. 观感质量验收符合要求

E. 检验批的质量验收记录不完整

15.【多选题】单位工程验收程序包括（　　）。

A. 施工单位自检

B. 监理单位预验收

C. 设计单位预验收

D. 施工单位提交竣工报告和质量控制资料

E. 建设单位组织相关单位项目负责人验收

【答案】1. √；2. √；3. √；4. D；5. D；6. B；7. B；8. D；9. D；10. C；11. AB；12. ABCD；13. ABCE；14. ABCD；15. ABDE

第二节　建设工程项目管理、工程监理及施工组织设计规范

考点 2：建设工程项目管理

教材点睛　教材 P20～P23

1. 建设工程项目管理组织和项目管理机构

（1）建设工程项目管理组织：包括建设单位、勘察单位、设计单位、施工单位、监理单位、咨询单位、代理单位等。

（2）项目管理机构是根据组织授权，直接实施项目管理的单位。

2. 建设工程项目管理人员的执（职）业资格

（1）从事工程项目管理的注册人员：应具有城乡规划师、建筑师、结构师、设备师、建造师、监理工程师、造价工程师等执业资格。

（2）从事建设工程项目管理的技术人员：应具备相应的初级、中级、高级等技术职称。

（3）从事建设工程项目管理的专业人员：应经过专业知识与专业技能考核合格，并具有施工员、质量员、材料员、机械员、标准员、劳务员、资料员等相应的专业岗位证书。

（4）从事建设工程项目管理的技术工人：应具备相应岗位证书，特种工还应具有安全考核证书。

3. 建设工程项目管理的任务： 包括项目管理策划、采购与投标管理、合同管理、设计与技术管理、进度管理、质量管理、成本管理、安全生产管理、绿色建造与环境管理、资源管理、信息与知识管理、沟通管理、风险管理、收尾管理、管理绩效评价。

4. 建设工程项目管理的流程： 依次为启动、策划、实施、监控和收尾五个过程。

5. 建设工程项目管理责任制度： 建设工程项目各实施主体和参与方应建立项目管理责任制度，明确项目管理组织和人员分工，建立各方相互协调的管理机制。

6. 建筑施工企业项目负责人（项目经理）： 在建设工程项目施工中处于中心地位，对建设工程项目施工负有全面管理责任。

7. 项目管理机构负责人（经理）的职责【详见 P22～P23】

巩固练习

1.【判断题】建设工程项目管理，是指从事工程项目管理的企业，受工程项目业主方委托，对工程建设全过程或分阶段进行专业化管理和服务活动。 （ ）

2.【判断题】项目经理指的是企业法定代表委托对工程项目施工过程全面负责的项目管理者。 （ ）

3.【单选题】项目管理的任务不包括（ ）。
A. 信息管理 B. 资料管理
C. 项目沟通 D. 项目收尾

4.【单选题】项目管理实施规划由（ ）组织编制。
A. 项目技术负责人 B. 项目经理
C. 施工员 D. 资料员

5.【单选题】从事工程项目管理的注册人员不包括（ ）。
A. 建造师 B. 建筑师
C. 监理工程师 D. 保险精算师

6.【单选题】从事建设工程项目管理的特种工应具有（ ）证书。

A. 技术考核   B. 质量考核

C. 安全考核   D. 业务考核

7.【单选题】项目管理机构负责人（经理）的职责不包括(   )。

A. 准备工程结算和竣工资料，参与工程竣工验收

B. 主持编制施工组织设计

C. 编制竣工图

D. 建立各类专业管理制度，并组织实施

8.【多选题】项目管理的任务包括(   )。

A. 信息管理   B. 资料管理

C. 项目沟通   D. 项目收尾

E. 项目成本管理

9.【多选题】建设工程项目管理的流程包括(   )。

A. 设计   B. 启动

C. 策划   D. 实施

E. 收尾

【答案】1. √；2. √；3. B；4. B；5. D；6. C；7. C；8. ACDE；9. BCDE

考点3：建设工程项目信息与知识管理

教材点睛 教材 P23～P25

法规依据:《建设工程项目管理规范》GB/T 50326—2017。

1. 建设工程项目信息管理的内容: 包括信息计划管理；信息过程管理；信息安全管理；文件与档案管理；信息技术应用管理。

2. 项目信息管理计划的内容: 包括项目信息管理的范围；项目信息管理目标；项目信息需求；项目信息管理手段和协调机制；项目信息编码系统；项目信息渠道和管理流程；项目信息资源需求计划；项目信息管理制度与信息变更控制措施。

3. 建设工程项目信息过程管理: 包括信息的采集、传输、存储、应用和评价过程，宜使用计算机进行信息过程管理。

4. 建设工程项目信息安全管理: 采用分级分类管理，采用的管理措施包括设立信息安全岗位，明确分工职责；实施信息安全教育，规范信息安全行为；采用先进的安全技术，确保信息安全状态。

5. 建设工程项目文件与档案管理: 项目文件和档案宜分类、分级进行管理，保密要求高的信息或文件应按高级别保密要求进行防泄密控制，一般信息可采用适宜方式进行控制。

6. 建设工程项目信息技术应用管理: 采用信息系统，先规划后实施。

7. 建设工程项目知识管理的内容: 包括知识产权；从经历获得的感受和体会；从成功和失败项目中得到的经验教训；过程、产品和服务的改进结果；标准规范的要求；发展趋势与方向。

1. 【判断题】保密要求高的信息或文件应进行防泄密控制。( )
2. 【判断题】项目信息编码系统应有助于提高信息的结构化程度,方便存档。( )
3. 【单选题】项目信息管理计划的制定应以( )中的有关内容为依据。
A. 施工组织设计大纲　　　　　　　　B. 项目管理实施规划
C. 施工组织设计　　　　　　　　　　D. 施工方案
4. 【单选题】建设工程项目信息管理的内容不包括( )。
A. 信息安全管理　　　　　　　　　　B. 信息过程管理
C. 文件与档案管理　　　　　　　　　D. 信息处理管理
5. 【单选题】项目信息管理应满足的要求不包括( )。
A. 针对性　　　　　　　　　　　　　B. 高效性
C. 准确性　　　　　　　　　　　　　D. 完整性
6. 【单选题】项目信息不包括与项目有关的( )。
A. 法规信息　　　　　　　　　　　　B. 自然信息
C. 项目利益无关方信息　　　　　　　D. 市场信息
7. 【多选题】建设工程项目信息管理是指对项目信息进行的( )活动。
A. 收集　　　　　　　　　　　　　　B. 整理
C. 分析　　　　　　　　　　　　　　D. 存储
E. 加工
8. 【多选题】在信息计划的实施中,应该( ),从而可以不断改进信息管理工作。
A. 定期检查信息的有效性　　　　　　B. 检查信息成本
C. 核实造价控制资料　　　　　　　　D. 管理合同控制资料
E. 检查信息的真实性

【答案】1.√;2.×;3.B;4.D;5.B;6.C;7.ABCD;8.AB

考点 4:建设工程监理人员、监理实施、监理资料的要求★

教材点睛　教材 P25~P26

法规依据:《建设工程监理规范》GB/T 50319—2013。
1. 建设工程监理
(1) 工程监理单位应是按照规定依法成立,并取得建设主管部门颁发的工程监理企业资质证书,从事建设工程监理活动与相关服务活动的服务机构。
(2) 工程监理单位受建设单位委托,根据法律法规、工程建设标准、勘察设计文件、监理合同及其他合同文件,在施工阶段对建设工程质量、造价、进度进行控制,对合同、信息进行管理,对工程建设相关方的关系进行协调,并履行建设工程安全生产管理的监理职责等服务活动。

2. 工程监理人员有关资料管理的职责【详见 P25～P26】

3. 监理文件资料归档管理

建设工程监理资料是监理单位在工程监理过程中履行各项监理职责，收集形成的文件；从监理单位进场开始，到完成竣工验收并履行完成其合同约定的监督管理职责为止。

4. 监理资料管理工作流程【详见 P26 图 1-1】

巩固练习

1.【判断题】总监理工程师应履行主持整理工程项目的监理资料职责。　　（　　）

2.【单选题】复核从施工现场直接获取的工程计量的有关数据并签署原始凭证是（　　）的职责。

A. 资料员　　　　　　　　　　　　　B. 监理员

C. 专业监理工程师　　　　　　　　　D. 监理工程师

3.【单选题】编码为 B2 的监理资料是（　　）资料。

A. 项目管理　　　　　　　　　　　　B. 合同管理

C. 质量控制　　　　　　　　　　　　D. 进度控制

4.【单选题】总监理工程师应履行主持整理工程项目的监理资料职责，不包括（　　）。

A. 组织编制监理规划　　　　　　　　B. 组织审查施工组织设计

C. 签发工程开工令　　　　　　　　　D. 编制监理实施细则

5.【单选题】监理员有关资料管理应履行的职责不包括（　　）。

A. 编写工程质量评估报告　　　　　　B. 复核工程计量有关数据

C. 检查工序施工结果　　　　　　　　D. 进行见证取样

6.【单选题】工程监理单位在施工阶段对建设工程的管理控制不包括（　　）。

A. 进度控制　　　　　　　　　　　　B. 质量控制

C. 工程建设相关方的关系控制　　　　D. 造价控制

7.【多选题】监理单位施工阶段形成的相关文件主要包括（　　）。

A. 进度控制文件　　　　　　　　　　B. 质量控制文件

C. 造价控制文件　　　　　　　　　　D. 工期控制文件

E. 材料控制文件

【答案】1.√；2.B；3.D；4.D；5.A；6.C；7.ABCD

考点5：建筑施工组织设计内容与编制的要求

教材点睛 教材 P26~P28

1. 施工组织设计

（1）作用：它是以施工项目为对象编制的，用以指导施工的技术、经济和管理的综合性文件，是对施工活动实行科学管理的重要手段，具有战略部署和战术安排的双重作用。

（2）根据施工组织设计编制的广度、深度和作用不同，可分为施工组织总设计、单位工程施工组织设计和施工方案。

2. 施工组织设计的基本内容：包括编制依据、工程概况、施工部署、施工进度计划、施工准备与资源配置计划、主要施工方法、施工现场平面布置及主要施工管理计划。

3. 施工组织设计的编制依据【详见 P27】

4. 施工组织设计的编制和审批

（1）施工组织设计应由项目负责人主持编制，可根据需要分阶段编制和审批。

（2）施工组织总设计应由总承包单位技术负责人审批；单位工程施工组织设计应由施工单位技术负责人或技术负责人授权的技术人员审批；施工方案由项目技术负责人审批；重点、难点分部（分项）工程和专项工程施工方案应由施工单位技术部门组织相关专家评审，施工单位技术负责人批准。

（3）由专业承包单位施工的分部（分项）工程或专项工程的施工方案，应由专业承包单位技术负责人或技术负责人授权的技术人员审批；有总承包单位时，应由总承包单位项目技术负责人核准备案。

（4）规模较大的分部（分项）工程和专项工程施工方案应按单位工程施工组织设计进行编制和审批。

5. 安全专项施工方案

（1）对达到一定规模的危险性较大的分部（分项）工程应编制专项施工方案，并附具安全验算结果，经施工单位技术负责人、总监理工程师签字后实施，由专职安全生产管理人员进行现场监督。

（2）对超过一定规模的危险性较大的分部分项工程专项施工方案，施工单位应组织专家对单独编制的专项施工方案进行论证、审查。

（3）施工方案专家论证的主要内容包括专项方案内容是否完整、可行；计算书和验算依据是否合规；是否满足现场实际情况，并能确保施工安全。专项方案经论证后，专家组应当提交论证报告，对论证的内容提出明确意见，并签字。施工单位应当根据论证报告修改完善专项方案，并经施工单位技术负责人、项目总监理工程师、建设单位项目负责人签字后，方可组织实施。

1.【判断题】施工组织设计是以施工项目为对象编制的，用以指导施工的技术、经济和管理的综合性文件。（　　）

2.【单选题】（　　）是用以指导施工的技术、经济和管理的综合性文件。

A. 施工组织设计大纲　　　　　　　　B. 管理规划

C. 施工组织设计　　　　　　　　　　D. 施工方案

3.【单选题】具备一定规模的危险性较大分部（分项）工程的专项施工方案论证，专家人数应不少于（　　）人。

A. 3　　　　　　　　　　　　　　　　B. 5

C. 7　　　　　　　　　　　　　　　　D. 9

4.【单选题】施工组织总设计应由总承包单位（　　）审批。

A. 安全负责人　　　　　　　　　　　B. 技术负责人

C. 总经理　　　　　　　　　　　　　D. 质量负责人

5.【单选题】专项方案经论证后，专家组应当提交（　　），对论证的内容提出明确意见，并签字。

A. 审核报告　　　　　　　　　　　　B. 论证报告

C. 审计报告　　　　　　　　　　　　D. 审批表

6.【多选题】根据施工组织设计编制的广度、深度和作用不同，可分为（　　）。

A. 技术交底　　　　　　　　　　　　B. 施工组织总设计

C. 方案交底　　　　　　　　　　　　D. 单位工程施工组织设计

E. 施工方案

【答案】1. √；2. C；3. B；4. B；5. B；6. BDE

第二章　建筑工程竣工验收备案

考点6：建筑工程竣工验收备案管理★●

教材点睛　教材 P29～P33

　　法规依据：《建设工程质量管理条例》《建设工程文件归档规范》GB/T 50328—2014（2019 年版）、《房屋建筑和市政基础设施工程竣工验收备案管理办法》（2009 年修订版）。

　　1. 建筑工程竣工验收备案管理

　　（1）建筑工程竣工验收备案的范围

　　1）凡我国境内新建、扩建、改建各类房屋建筑工程及市政基础设施工程都实行竣工验收备案制度。

　　2）抢险救灾工程、临时性房屋建筑工程和农民自建低层住宅工程，不适用本规定。

　　3）军用房屋建筑工程竣工验收备案，按照中央军事委员会的有关规定执行。

　　（2）建筑工程竣工验收备案的文件

　　1）建设单位应当自工程竣工验收合格之日起 15 日内将《工程竣工验收备案表》和有关文件，报建设工程备案机关办理竣工工程验收备案手续。

　　2）建设单位办理工程竣工验收备案应提交的文件【详见 P30 表 2-1】。

　　3）备案机关收到建设单位报送的竣工验收备案文件，在工程竣工验收备案表上签署文件收讫。工程竣工验收备案表一式两份，建设单位、备案机关各持一份。

　　（3）建筑工程竣工验收备案的程序

　　1）建设工程竣工验收备案须具备的条件

　　① 工程竣工验收已合格，完成工程竣工验收报告；

　　② 工程质量监督机构已出具工程质量监督报告；

　　③ 已办理工程监理合同登记核销及施工合同（总包、专业分包和劳务分包合同）备案核销手续；

　　④ 各项专项资金已结算。

　　2）建设单位向备案机关领取《房屋建筑工程和市政基础设施工程竣工验收备案表》。

　　3）建设单位持加盖单位公章和单位项目负责人签名的《房屋建筑工程和市政基础设施工程竣工验收备案表》一式四份及上述规定的材料，向备案机关备案。

　　4）备案机关在收齐、验证备案材料后 15 个工作日内在《房屋建筑工程和市政基础设施工程竣工验收备案表》上签署备案意见（盖章），建设单位、施工单位、监督站和备案机关各持一份。

2. 建筑工程竣工验收备案的实施

（1）施工单位辅助建设单位的备案基础工作：列入城建档案管理机构接收范围的工程，建设单位在工程竣工验收备案前，必须向城建档案管理机构移交一套符合规定的工程档案【详见 P31~P32 表 2-2】。

（2）施工单位辅助建设单位备案实施要点

1）备案工作的实施应与单位工程竣工验收同步进行。

2）验收和备案要求【详见 P32~P33】。

3）工程竣工验收报告应附有的文件：施工许可证；施工图设计文件审查意见；工程竣工报告；工程质量评估报告；质量检查报告；工程质量保修书；工程竣工验收意见等。

4）负责监督该工程的工程质量监督机构应对工程竣工验收的组织形式、验收程序、执行验收标准等情况进行现场监督，发现有违反建设工程质量管理规定行为的，责令改正，并将对工程竣工验收的监督情况作为工程质量监督报告的重要内容。

巩固练习

1.【判断题】凡在我国境内新建、扩建、改建各类房屋建筑工程以及市政基础设施工程都实行竣工验收备案制度。 （　　）

2.【判断题】建筑工程竣工验收备案时，建设工程竣工验收备案表应提交 4 份。 （　　）

3.【单选题】单位工程质量验收合格后，（　　）单位应将有关资料报建设行政主管部门备案。

A. 建设　　　　　　　　　　　　B. 监理

C. 设计　　　　　　　　　　　　D. 施工

4.【单选题】单位工程质量验收合格（　　）日内应将有关资料报建设行政主管部门备案。

A. 7　　　　　　　　　　　　　 B. 15

C. 28　　　　　　　　　　　　　D. 30

5.【单选题】建筑工程竣工验收备案时，建设工程竣工验收报告应提交（　　）份。

A. 1　　　　　　　　　　　　　 B. 2

C. 4　　　　　　　　　　　　　 D. 6

6.【单选题】建筑工程竣工验收备案时，工程质量保修书应提交（　　）份。

A. 1　　　　　　　　　　　　　 B. 2

C. 4　　　　　　　　　　　　　 D. 6

7.【单选题】建筑工程竣工验收备案时，工程质量保修书的材料形式为（　　）。

A. 原件　　　　　　　　　　　　B. 复印件

C. 复印件并加盖公章　　　　　　D. 复印件（核对原件）

8. 【单选题】建筑工程竣工验收备案时，施工许可证的材料形式为（　　）。

A. 原件　　　　　　　　　　　　B. 复印件

C. 复印件并加盖公章　　　　　　D. 复印件（核对原件）

9. 【单选题】《房屋建筑工程和市政基础设施工程竣工验收备案表》应一式（　　）份。

A. 2　　　　　　　　　　　　　　B. 3

C. 4　　　　　　　　　　　　　　D. 5

10. 【单选题】备案机关在收齐、验证备案材料后（　　）个工作日内应在《房屋建筑工程和市政基础设施工程竣工验收备案表》上签署备案意见（盖章）。

A. 10　　　　　　　　　　　　　B. 15

C. 21　　　　　　　　　　　　　D. 30

11. 【多选题】工程竣工验收报告应附有的文件包括（　　）。

A. 工程项目规划证　　　　　　　B. 工程竣工报告

C. 质量检查报告　　　　　　　　D. 施工图设计文件审查意见

E. 工程质量保修书

12. 【多选题】建设工程竣工验收备案须具备的条件有（　　）。

A. 工程竣工验收已合格，完成工程竣工验收报告

B. 工程结算已完成

C. 已办理工程监理合同登记核销及施工合同备案核销手续

D. 质量监督机构已出具质量监督报告

E. 各项专项资金已结算

【答案】1. √；2. √；3. A；4. B；5. D；6. A；7. A；8. D；9. C；10. B；11. BCDE；12. ACDE

第三章 建设工程文件归档管理

第一节 建设工程文件归档规范的基本规定

考点7：文件归档基本规定

教材点睛 教材 P34

法规依据：《建设工程文件归档规范》GB/T 50328—2014（2019 年版）。

建设工程归档文件：包括工程准备阶段文件、监理文件、施工文件、竣工图和竣工验收文件。

第二节 建设工程文件管理职责

考点8：文件管理职责

教材点睛 教材 P34～P35

1. 建设工程文件实行分级、分类管理，由建设、勘察、设计、监理、施工等项目各主要参与单位负责全过程的工程资料管理工作。

2. 建设单位在工程文件与档案的整理、归档、验收、移交工作中应履行的职责【详见 P34～P35】。

3. 勘察、设计、施工、监理等单位应将本单位形成的工程文件立卷后向建设单位移交。

4. 建设工程项目实行总承包管理的，总包单位负责收集、汇总各分包单位形成的工程档案，向建设单位移交；各分包单位应将本单位形成的工程文件整理立卷后移交总包单位。建设工程项目由几个单位承包的，各承包单位应负责收集、整理立卷其承包项目的工程文件，向建设单位移交。

5. 建设工程档案的验收应纳入建设工程竣工联合验收环节。

6. 城建档案管理机构应对工程文件的立卷归档工作进行指导和服务。

7. 工程资料管理人员应经过工程文件归档整理的专业培训。

第三节 建设工程文件归档范围

考点 9：文件归档范围●

教材点睛 教材 P35～P50

    1. 归档文件的范围及质量要求： 对与工程建设有关的重要活动、记载工程建设主要过程和现状、具有保存价值的各种载体的文件，均应收集齐全、整理立卷后归档【详见 P35～P50 表 3-1】。

    2. 移交城建档案的资料： 分工程准备阶段文件、监理文件、施工文件、竣工图和竣工验收文件五类。

巩固练习

1.【判断题】建设单位收集和整理工程准备阶段、竣工验收阶段形成的文件。（   ）

2.【判断题】国有土地使用证属 A2 类资料。   （   ）

3.【判断题】地形测量和拨地测量成果报告来源于规划部门。   （   ）

4.【判断题】监理规划属于 B1 类资料。   （   ）

5.【判断题】竣工新貌影像资料属于 E2 类资料。   （   ）

6.【单选题】编码为 A6 的资料是（   ）资料。

A. 施工许可证   B. 施工图预算   C. 勘察报告   D. 施工合同

7.【单选题】编码为 C4 的施工资料是（   ）资料。

A. 施工管理   B. 施工技术   C. 施工物资   D. 进度造价

8.【单选题】编码为 C8 的施工资料是（   ）资料。

A. 施工记录   B. 施工试验记录及检测报告

C. 施工质量验收记录   D. 竣工验收记录

9.【单选题】文件材料归档范围应符合（   ）的规定。

A.《建设工程文件归档规范》   B.《建筑工程资料管理规程》

C.《建筑工程施工质量验收统一标准》   D.《建筑装饰装修工程质量验收标准》

10.【多选题】归档保存施工图设计文件审查通知书及审查报告的单位是（   ）单位。

A. 施工   B. 监理

C. 建设   D. 城建档案馆

E. 设计

11.【多选题】归档保存施工招标投标文件的单位是（   ）单位。

A. 施工   B. 监理

C. 建设   D. 城建档案馆

E. 设计

12.【多选题】归档保存质量控制资料核查记录的单位是（   ）单位。

A. 施工   B. 监理
C. 建设   D. 城建档案馆
E. 设计

13.【多选题】归档保存绝缘电阻测试记录的单位是(   )单位。
A. 施工   B. 监理
C. 建设   D. 城建档案馆
E. 设计

14.【多选题】归档保存墙体节能工程保温板材与基层粘结强度现场拉拔试验报告的单位是(   )单位。
A. 施工   B. 监理
C. 建设   D. 城建档案馆
E. 设计

【答案】1.√；2.√；3.×；4.√；5.×；6. B；7. C；8. D；9. A；10. CDE；11. AC；
12. ABCD；13. AC；14. ACD

第四节　建设工程文件归档的质量要求

考点10：文件归档质量要求【详见 P50～P51】

第五节　建设工程文件立卷的规定

考点11：文件立卷规定★●

教材点睛 教材 P52～P56

　　1. 立卷的流程：分类确定归入案卷的文件资料→排列、编目、装订（或装盒）→排列案卷，编制案卷目录。

　　2. 立卷的原则：遵循工程文件的自然形成规律和工程专业特点，按不同的形成、整理单位及建设程序，并按工程准备阶段文件、监理文件、施工文件、竣工图、竣工验收文件分别进行立卷；一项建设工程由多个单位工程组成时，工程文件按单位工程立卷；不同载体的文件应分别立卷。

　　3. 立卷的方法【详见 P52】。

　　4. 施工文件立卷的要求

　　（1）专业承（分）包施工的分部、子分部（分项）工程应分别单独立卷。

　　（2）室外工程应按室外建筑环境和室外安装工程单独立卷。

　　（3）当施工文件中部分内容不能按一个单位工程分类立卷时，可按建设工程立卷。

　　5. 工程文件的排列要求：一般卷内的组成顺序为封面、目录、文件部分、备考表、封底。组成的案卷力求美观、整齐【详见 P52～P53】。

　　6. 案卷的编目要求、装订与装具【详见 P53～P56】。

第六节　建设工程文件的归档

考点 12：文件的归档★

> **教材点睛** 教材 P56～P57
>
> **1. 建设工程文件归档范围、立卷和方式的规定**
>
> （1）归档文件范围和质量应符合《建设工程文件归档规范》GB/T 50328—2014（2019 年版）规定的要求。
>
> （2）归档文件应符合《建设工程文件归档规范》GB/T 50328—2014（2019 年版）工程文件立卷的要求。
>
> （3）电子文件归档应包括在线式归档和离线式归档两种方式。可任选一种或两种方式进行归档。
>
> **2. 建设工程文件归档时间规定**
>
> （1）根据建设程序和工程特点，归档可分阶段分期进行，或在单位或分部工程通过竣工验收后进行。
>
> （2）勘察、设计单位应在任务完成后，施工、监理单位应在工程竣工验收前，将各自的工程档案交建设单位归档。
>
> **3. 建设工程档案归档审查和移交准备**
>
> （1）勘察、设计、施工单位在收齐工程文件并整理立卷后，建设单位、监理单位应根据城建档案管理机构的要求，对归档文件完整、准确、系统情况和案卷质量进行审查。审查合格后方可向建设单位移交。
>
> （2）工程档案的编制不得少于两套，一套应由建设单位保管，一套（原件）应移交当地城建档案管理机构保存。
>
> （3）勘察、设计、施工、监理等单位向建设单位移交档案时，应编制移交清单，双方签字、盖章后方可交接。
>
> （4）设计、施工及监理单位需向本单位归档的文件，应按国家有关规定要求立卷归档。

第七节　建设工程档案的验收与移交

考点 13：档案的验收与移交●

> **教材点睛** 教材 P57～P58
>
> **1. 建设工程档案的验收**：工程竣工验收的重要内容，凡是列入城建档案管理机构档案接收范围的工程均应验收。建设工程档案验收的主要内容【详见 P57】。

教材点睛 教材 P57~P58(续)

2. 建设工程档案的移交由四部分组成：工程开工和施工阶段资料的移交；竣工阶段工程资料的移交；工程资料向城建档案馆的移交；停建、改建、缓建、扩建和维修工程的建设工程档案的移交。

巩固练习

1. 【判断题】工程竣工验收必须完成工程项目按照工程设计和合同约定的全部内容。

（　　）

2. 【判断题】不同载体的文件应合并立卷。 （　　）

3. 【判断题】卷内资料排列顺序一般为封面、目录、文件部分、备考表、封底。

（　　）

4. 【判断题】文字材料按事项、专业、时间顺序排列。 （　　）

5. 【判断题】工程准备阶段文件的排列顺序：立项文件，建设用地拆迁文件，招标投标文件，勘察，设计文件，开工审批文件，工程造价文件，工程建设基本信息。（　　）

6. 【判断题】卷内图纸文件应按文字材料在前、图纸在后的顺序排列。 （　　）

7. 【判断题】档号应由分类号、项目号和案卷号组成。 （　　）

8. 【单选题】城建档案馆接收范围内的工程竣工验收后，（　　）个月内应将有关资料报城建档案馆归档。

A. 1　　　　　　　　B. 2　　　　　　　　C. 3　　　　　　　　D. 4

9. 【单选题】竣工图章尺寸（mm×mm）为（　　）。

A. 30×60　　　　　　　　　　　　B. 40×70

C. 50×80　　　　　　　　　　　　D. 60×90

10. 【单选题】竣工图应统一折叠成（　　）幅面。

A. A1　　　　　　　B. A2　　　　　　　C. A3　　　　　　　D. A4

11. 【单选题】根据相关规定，工程施工资料整理后应该向（　　）移交。

A. 建设单位　　　　　　　　　　　B. 施工单位

C. 监理单位　　　　　　　　　　　D. 质检单位

12. 【单选题】将有保存价值的文件分门别类整理成案卷，称为（　　）。

A. 备案　　　　　　　　　　　　　B. 归档

C. 立卷　　　　　　　　　　　　　D. 移交

13. 【单选题】将有保存价值的文件送交城建档案馆，称为（　　）。

A. 备案　　　　　　　　　　　　　B. 归档

C. 立卷　　　　　　　　　　　　　D. 移交

14. 【单选题】将有保存价值的文件送交质监单位，称为（　　）。

A. 备案　　　　　　　　　　　　　B. 归档

C. 立卷　　　　　　　　　　　　　D. 移交

15. 【单选题】竣工验收文件应按单位工程（　　）进行立卷。

A. 时间顺序   B. 分部分项工程

C. 阶段   D. 专业

16.【单选题】将有保存价值的文件送交建设单位，称为（   ）。

A. 备案   B. 归档

C. 立卷   D. 移交

17.【多选题】下列关于卷内备考表的编制，符合规定的有（   ）。

A. 式样应符合《建设工程文件归档规范》GB/T 50328—2014（2019 年版）的规定

B. 标明立卷单位对案卷情况的说明

C. 标明文件的总页数

D. 标明各类文件页数

E. 备考表排列在卷内文件的首页

18.【多选题】资料的密级分为（   ）。

A. 特密   B. 绝密

C. 机密   D. 秘密

E. 保密

19.【多选题】卷盒背脊厚度可以是（   ）mm。

A. 20   B. 30

C. 40   D. 50

E. 60

20.【多选题】卷盒背脊的内容包括（   ）。

A. 档号   B. 案卷题名

C. 分类号   D. 页码起止号

E. 密级

21.【多选题】工程文件应采用耐久性强的书写材料，如（   ）。

A. 碳素墨水   B. 纯蓝墨水

C. 蓝黑墨水   D. 圆珠笔

E. 复写纸

22.【多选题】工程资料的移交应符合下列（   ）规定。

A. 施工单位向监理单位移交   B. 施工单位向建设单位移交

C. 专业承包单位向施工总承包单位移交   D. 专业承包单位向建设单位移交

E. 专业承包单位向监理单位移交

23.【多选题】归档的建设工程电子文件应保证其（   ）。

A. 一致性   B. 完整性

C. 有效性   D. 永久性

E. 时效性

【答案】1. √；2. ×；3. √；4. ×；5. ×；6. √；7. √；8. C；9. C；10. D；11. A；12. C；13. B；14. A；15. D；16. D；17. ABCD；18. BCD；19. ABCD；20. AB；21. AC；22. BC；23. BC

第四章 施工资料管理

考点 14：施工资料管理

教材点睛 教材 P59

1. **施工资料管理分类**：按照工作责任的属性可分为资料的形成管理、收集归档管理和应用管理。

（1）资料的形成管理：资料的形成单位随工程建设进度，按照工作任务的实际要求完成资料的填写或编制，并通过相关责任人或部门的审核、审批和签认，最终形成真实、完整、有效的工程资料。

（2）资料的收集归档管理：建设、勘察、设计、施工、监理等资料管理单位按照《建设工程文件归档规范》GB/T 50328—2014（2019 年版）规定的流程有计划地进行收集、整理、组卷、移交、备案、归档等资料管理工作。

（3）资料的应用管理：工作内容主要包括资料的处理、存储、检索、追溯和应用。

2. **资料管理计划**：依据资料归档收集的范围、类型和项目的施工过程、技术特点，确定资料管理的目标、组织、范围、来源、程序、收集的内容和完成或提交时间的任务书。

3. **建设工程竣工验收备案**：建设单位依据现行《房屋建筑和市政基础设施工程竣工验收备案管理办法》（2019 年修订版）的规定，自工程竣工验收合格之日起 15 日内，向工程所在地的县级以上地方人民政府建设行政主管部门（以下简称备案机关）备案。

4. **资料的归档**：文件形成部门或形成单位完成其工作任务后，将形成的文件整理立卷后，按规定向本单位档案室及建设单位移交和建设单位向城建档案管理机构移交的过程。

第一节 建设工程文件分类

考点 15：建设工程文件分类 ★●

教材点睛 教材 P59～P61

1. **建设工程文件分类**：分为工程准备阶段文件、监理文件、施工文件、竣工图和竣工验收文件 5 大类，分别用 A 类、B 类、C 类、D 类、E 类命名【详见 P59～P60】。

2. **施工文件分类**

（1）施工质量验收文件分类：分为施工现场质量管理检查记录、建筑工程施工质量验收记录（包括检验批质量验收记录、分项工程质量验收记录、分部工程质量验收记录）、单位工程质量竣工验收记录［包括单位工程质量竣工验收记录、单位工程质量控制资料核查记录、单位工程安全和功能检验资料核查及主要功能（节能、环境保护、耐久性）抽查记录、单位工程观感质量检查记录］。

（2）施工归档文件依据《建设工程文件归档规范》GB/T 50328—2014（2019 年版）进行统一资料归档分类和收集。

（3）工程质量控制资料属于建筑工程归档文件中施工文件里的相关内容。

第二节　建设工程文件编号

考点 16：建设工程文件编号★●

1. 工程文件编号的目的： 使每份工程文件的编号能够体现出所属的分部、分项、类别，便于与工程建设内容相呼应。

2. 依据《建设工程文件归档规范》GB/T 50328—2014（2019 年版），建立各类归档文件编号体系【P61～P62】。

巩固练习

1.【判断题】施工资料按照《建设工程文件归档规范》GB/T 50328—2014（2019 年版）可分为五大类。　　　　　　　　　　　　　　　　　　　　　　　　（　　）

2.【判断题】电梯安全装置检测报告属于主要功能资料。　　　　　　　　　（　　）

3.【判断题】属于单位工程整体管理内容的资料，编号中的分部、子分部工程代号可用"00"代替。　　　　　　　　　　　　　　　　　　　　　　　　　　（　　）

4.【单选题】图纸会审属于（　　）资料。

A. 质量控制　　　　　　　　　　　　　　B. 功能抽查

C. 观感　　　　　　　　　　　　　　　　D. 分部验收

5.【单选题】分项工程检查结论由（　　）填写。

A. 单位（项目）负责人　　　　　　　　　B. 项目经理

C. 项目专业质量员　　　　　　　　　　　D. 项目专业技术负责人

6.【单选题】定位测量属于（　　）资料。

A. 质量控制　　　　　　　　　　　　　　B. 功能抽查

C. 观感　　　　　　　　　　　　　　　　D. 分部验收

7.【单选题】施工记录属于（　　）资料。

A. 质量控制　　　　　　　　　　　　　　B. 功能抽查

C. 观感   D. 分部验收

8.【单选题】照明全负荷试验记录属于(　　　)资料。

A. 质量控制   B. 功能抽查

C. 观感   D. 分部验收

9.【单选题】通风空调调试记录属于(　　　)资料。

A. 质量控制   B. 功能抽查

C. 观感   D. 分部验收

10.【单选题】电梯运行记录属于(　　　)资料。

A. 质量控制   B. 功能抽查

C. 观感   D. 分部验收

11.【单选题】给水管道通水试验记录属于(　　　)资料。

A. 质量控制   B. 功能抽查

C. 观感   D. 分部验收

12.【单选题】施工资料编码③为(　　　)编号。

A. 分部   B. 子分部

C. 类别   D. 顺序

13.【多选题】(　　　)属于使用功能的检验资料。

A. 屋面淋水试验记录   B. 抽气(风)道检查记录

C. 室外环境检测报告   D. 节能保温测试记录

E. 避雷接地电阻测试记录

14.【多选题】(　　　)属于主要功能的检验资料。

A. 屋面淋水试验记录   B. 抽气(风)道检查记录

C. 室外环境检测报告   D. 节能保温测试记录

E. 避雷接地电阻测试记录

15.【多选题】(　　　)属于安全功能的检验资料。

A. 大型灯具牢固性试验记录   B. 抽气(风)道检查记录

C. 室外环境检测报告   D. 节能保温测试记录

E. 避雷接地电阻测试记录

【答案】1.√；2.×；3.√；4.A；5.D；6.A；7.A；8.B；9.B；10.B；11.B；
12.C；13.AB；14.CD；15.AE

第五章 施工前期、施工期间、竣工验收各阶段建设工程文件形成管理的知识

第一节 施工前期文件的形成管理

考点 17：施工前期文件的形成管理

教材点睛 教材 P63～P68

1. 施工前期资料主要由建设单位负责管理的工程准备阶段（A 类）文件组成，包括立项文件（A1），建设用地、拆迁文件（A2），勘察、设计文件（A3），招标投标文件（A4），开工审批文件（A5），工程造价文件（A6），工程建设基本信息（A7）【详见 P35～P37 表 3-1】。

2. 建设单位文件资料的形成过程【详见 P63 图 5-1】。

第二节 施工期间文件的形成管理

考点 18：施工期间文件的形成管理★●

教材点睛 教材 P68～P69

1. 施工期间的建筑工程文件主要来源于监理单位、施工单位、试验检测单位和材料供应单位，监理文件和施工文件均应按照《建设工程文件归档规范》GB/T 50328—2014（2019 年版）规定的归档范围和流程实施文件的形成管理。

2. 资料形成过程的步骤【详见 P69 图 5-2】。

第三节 监理文件的形成管理

考点 19：监理文件的形成管理●

教材点睛 教材 P68～P84

1. 监理文件可分为监理管理文件（B1）、进度控制文件（B2）、质量控制文件（B3）、

造价控制文件（B4）、工期管理文件（B5）和监理验收文件（B6）六类【详见 P37～
P38 表 3-1】。

　　2. 监理单位工程资料形成过程【详见 P69 图 5-2】。

巩固练习

　　1.【判断题】施工前期资料主要为建设单位资料。　　　　　　　　　　　　（　　）

　　2.【判断题】施工期间的单位工程资料主要来源于施工单位。　　　　　　　（　　）

　　3.【判断题】监理资料主要可以分为六大类。　　　　　　　　　　　　　　（　　）

　　4.【判断题】工程开工报审表内容应符合现行国家标准《建设工程监理规范》GB/T
50319—2013 的有关规定。　　　　　　　　　　　　　　　　　　　　　　　（　　）

　　5.【单选题】工作联系单中的事由应按（　　　）的性质填写。

　　A. 原因　　　　　　　　　　　　　　　B. 标题

　　C. 引言　　　　　　　　　　　　　　　D. 绪论

　　6.【单选题】对于旁站监理记录，施工单位应由（　　　）签字。

　　A. 资料员　　　　　　　　　　　　　　B. 安全员

　　C. 质量员　　　　　　　　　　　　　　D. 施工员

　　7.【单选题】监理单位填写的见证取样和送检见证人员备案表应一式（　　　）份。

　　A. 二　　　　　　　　　　　　　　　　B. 三

　　C. 四　　　　　　　　　　　　　　　　D. 五

　　8.【单选题】涉及结构安全的试块试件和材料见证取样和送检的比例不得低于有关技
术标准中规定应取样数量的（　　　）。

　　A. 10%　　　　　　　　　　　　　　　B. 20%

　　C. 30%　　　　　　　　　　　　　　　D. 40%

　　9.【单选题】监理单位填写的工程延期审批表应一式（　　　）份。

　　A. 二　　　　　　　　　　　　　　　　B. 三

　　C. 四　　　　　　　　　　　　　　　　D. 五

　　10.【多选题】建设单位 A 类资料包括（　　　）。

　　A. 决策立项文件　　　　　　　　　　　B. 施工资料文件

　　C. 建设用地文件　　　　　　　　　　　D. 招标投标与合同文件

　　E. 开工文件

　　11.【多选题】施工期间的单位工程资料主要来源于（　　　）。

　　A. 建设单位　　　　　　　　　　　　　B. 施工单位

　　C. 监理单位　　　　　　　　　　　　　D. 实验、检测单位

　　E. 监管部门单位

　　12.【多选题】监理单位填写的工程延期审批表应由（　　　）各保存一份。

　　A. 建设单位　　　　　　　　　　　　　B. 施工单位

C. 监理单位   D. 城建档案馆

E. 检测单位

【答案】1. √；2. ×；3. √；4. √；5. B；6. C；7. D；8. C；9. B；10. ACDE；11. BCD；

12. ACD

第四节　施工文件资料的管理

考点 20：施工文件资料的管理 ★●

教材点睛 教材 P84～P163

　　1. 施工文件：分为施工管理文件（C1）、施工技术文件（C2）、进度造价文件（C3）、施工物资出厂质量证明及进场检测文件（C4）、施工记录文件（C5）、施工试验记录及检测文件（C6）、施工质量验收文件（C7）、施工验收文件（C8）八类【详见P38～P49 表 3-1】。

　　2. 施工管理文件（C1）【详见 P84～90】

　　（1）C1 资料填报单位、数量及留存单位一览表

资料名称	填报单位	资料数量	留存单位
施工日志（C1.9）	施工单位	一式一份	施工单位自存
施工现场质量管理检查记录（C1.2）	施工单位	一式两份	监理单位、施工单位
分包单位资质报审表（C1.4） 施工检测试验计划表（C1.7）	施工单位	一式三份	建设单位、监理单位、施工单位
工程概况表（C1.1） 见证试验检测汇总表（C1.8）	施工单位	一式四份	建设单位、监理单位、施工单位、城建档案馆
建设工程质量事故勘查记录（C1.5） 建设工程质量事故报告书（C1.6）	调查单位	一式五份	调查单位、建设单位、监理单位、施工单位、城建档案馆

　　（2）分包单位资质应审核以下内容：分包单位的营业执照、企业资质等级证书、安全生产许可文件、类似工程业绩、专职管理人员和特种作业人员的资格证。

　　3. 施工技术文件（C2）【详见 P91～P97】

　　（1）C2 资料填报单位、数量及留存单位一览表

资料名称	填报单位	资料数量	留存单位
技术交底记录（C2.4）	施工单位	一式两份	建设单位、施工单位
危险性较大分部分项工程施工方案专家论证表（C2.3）			监理单位、施工单位
工程技术文件报审表（C2.1、B3.5）	施工单位	一式三份	建设单位、监理单位、施工单位
施工组织设计及施工方案（C2.2）	施工单位	一式四份	建设单位、监理单位、施工单位、城建档案馆
图纸会审记录（C2.5） 设计变更通知单（C2.6） 工程洽商记录（C2.7）	调查单位	一式五份	调查单位、建设单位、监理单位、施工单位、城建档案馆

（2）施工组织设计审查的基本内容

1）编审程序应符合相关规定。

2）施工进度、施工方案及工程质量保证措施应符合施工合同要求。

3）资金、劳动力、材料、设备等资源供应计划应满足工程施工需要。

4）安全技术措施应符合工程建设强制性标准。

5）施工总平面布置应科学合理。

（3）技术交底的主要内容：施工方法、技术安全措施、规范要求、质量标准、设计变更等。对于重点工程、特殊工程、新设备、新工艺和新材料的技术要求，更需做详细的技术交底。

（4）技术交底人：施工企业技术负责人对项目主要管理人员进行施工组织设计交底；施工单位项目专业技术负责人对专业工长进行专项施工方案技术交底；专业工长对专业施工班组进行分部、分项工程施工技术交底；企业技术负责人对项目技术人员进行"四新"技术交底；项目安全技术人员进行安全专项交底；项目技术负责人对专业工长进行设计变更技术交底。

4. 进度造价文件（C3）【详见 P97～P99】

C3 资料填报单位、数量及留存单位一览表

资料名称	填报单位	资料数量	留存单位
人、机、料动态表（C3.5）	施工单位	一式两份	监理单位、施工单位
施工进度计划报审表（C3.3） 工程款支付申请表（C3.7） 费用索赔申请表（C3.9） 工程变更费用报审表（C3.8）	施工单位	一式三份	建设单位、监理单位、施工单位
工程开工报审表（C3.1） 工程复工报审表（C3.2） 工程延期申请表（C3.6）	施工单位	一式四份	建设单位、监理单位、施工单位、城建档案馆

5. 施工物资出厂质量证明文件及进场检测文件（C4）【详见 P99～P111】

（1）出厂质量证明文件及检测报告（C4.1）含（C4.1.1～C.4.1.6）共六种细分表格，需对应填写。

（2）进场检验通用表格（C4.2）

资料名称	填报单位	资料数量	留存单位
材料、构配件进场检验记录（C4.2.1） 设备开箱检验记录（C4.2.2）	施工单位	一式两份	监理单位、施工单位
设备及管道附件试验记录（C4.2.3）	施工单位	一式三份	建设单位、监理单位、施工单位

（3）进场复试报告（C4.3）

资料名称	填报单位	资料数量	留存单位
防水涂料试验报告（C4.3.6） 防水卷材试验报告（C4.3.7）	施工单位	一式三份	建设单位、监理单位、施工单位

续表

资料名称	填报单位	资料数量	留存单位
钢材试验报告（C4.3.1） 水泥试验报告（C4.3.2） 砂试验报告（C4.3.3） 砖（砌块）试验报告（C4.3.8）	施工单位	一式四份	建设单位、监理单位、施工单位、城建档案馆

1）当在使用中对水泥质量有怀疑或水泥出厂超过三个月（快硬硅酸盐水泥超过一个月）时，应进行复验，并按复验结果使用。按同一生产厂家、同一等级、同一品种、同一批号且连续进场的水泥，袋装不超过200t为一批，散装不超过500t为一批，每批抽样不少于一次。

2）其他材料试验要求【详见P109～P111表5-48】。

6. 施工记录文件（C5）【详见P111～P131】

（1）C5资料填报单位、数量及留存单位一览表

资料名称	填报单位	资料数量	留存单位
施工检查记录（C5.2）	施工单位	一式一份	施工单位自存
混凝土浇灌申请书（C5.14）	施工单位	一式两份	监理单位、施工单位
预拌混凝土运输单（C5.15）	供应单位		施工单位、供应单位
交接检查记录（C5.3）	交接双方		移交单位、接收单位、见证单位
地下工程防水效果检查记录（C5.23） 防水工程试水检查记录（C5.24） 通风道、烟道、垃圾道检查记录（C5.25）	施工单位	一式三份	建设单位、监理单位、施工单位
隐蔽工程验收记录（C5.1） 工程定位测量记录（C5.4） 基槽验线记录（C5.5） 建筑物垂直度、标高观测记录（C5.8）	施工单位	一式四份	建设单位、监理单位、施工单位、城建档案馆
地基验槽记录（C5.12）	施工单位	一式六份	建设单位、监理单位、勘察单位、设计单位、施工单位、城建档案馆

（2）建筑工程常见的隐蔽验收项目【详见P112～P115表5-50】。

（3）交接内容相关规定与要求：分项（分部）工程完成，在不同专业施工单位之间应进行工程交接，应进行专业交接检查，填写交接检查记录。移交单位、接收单位和见证单位共同对移交工程进行验收，并对质量情况、遗留问题、工序要求、注意事项、成品保护、注意事项等进行记录，填写专业交接检查记录。

（4）其他常用施工记录填写要求【详见P126～P131表5-62】。

7. 施工试验记录及检测文件（C6）【详见 P132～P149】

（1）C6 资料填报单位、数量及留存单位一览表

资料名称	填报单位	资料数量	留存单位
砌筑砂浆试块强度统计、评定记录（C6.2.10） 混凝土试块强度统计、评定记录（C6.2.13）	施工单位	一式三份	建设单位、施工单位、城建档案馆
灌（满）水试验记录（C6.3.1） 通水试验记录（C6.3.3） 冲（吹）洗试验记录（C6.3.4） 大型照明灯具承载试验记录（C6.4.5） 风管漏光检测记录（C6.6.1） 风管漏风检测记录（C6.6.2）			建设单位、监理单位、施工单位
设备单机试运转记录（C6.1.1） 系统试运转调试记录（C6.1.2） 接地电阻测试记录（C6.1.3） 绝缘电阻测试记录（C6.1.4） 结构实体混凝土强度验收记录（C6.2.34） 结构实体钢筋保护层厚度验收记录（C6.2.35） 强度严密性试验记录（C6.3.2） 电气设备空载试运行记录（C6.4.3） 智能建筑工程子系统检测记录（C6.5.4）	施工单位	一式四份	建设单位、监理单位、施工单位、城建档案馆

（2）其他常用试验记录填写要求【详见 P145～P146 表 5-78】。

8. 施工质量验收文件（C7）【详见 P149～P153】

C7 资料填报单位、数量及留存单位一览表

资料名称	填报单位	资料数量	留存单位
检验批质量验收记录（C7.1） 分项工程质量验收记录（C7.2）	施工单位	一式三份	建设单位、监理单位、施工单位
分部（子分部）工程质量验收记录（C7.3） 建筑节能分部工程质量验收记录表（C7.4）	施工单位	一式四份	建设单位、监理单位、施工单位、城建档案馆

9. 施工验收文件（C8）【详见 P154～P161】

（1）C8 资料填报单位、数量及留存单位一览表

资料名称	填报单位	资料数量	留存单位
单位（子单位）工程（竣工）预验收报验表（C8.1） 单位（子单位）工程观感质量检查记录（C8.5）	施工单位	一式三份	建设单位、监理单位、施工单位
单位（子单位）工程质量控制资料核查记录（C8.3） 单位（子单位）工程安全和使用功能检验资料核查及主要功能抽查记录（C8.4） 房屋建筑工程质量保修书（E1.10 示范文本）			建设单位、施工单位、城建档案馆
单位（子单位）工程质量（竣工）验收记录（C8.2）	施工单位	一式四份	建设单位、监理单位、施工单位、城建档案馆

（2）单位工程竣工验收程序：施工单位自检→总监理工程师组织竣工预验收→施工单位向建设单位提交单位工程质量（竣工）报告→建设单位项目负责人组织单位工程竣工验收。

1）工程竣工预验收合格后，项目监理机构应编写工程质量评估报告，并应经总监理工程师和工程监理单位技术负责人审核签字后报建设单位。

2）参加竣工验收的单位有监理、施工、设计、勘察等单位项目负责人。

3）建设单位在工程竣工验收 7 个工作日前将验收的时间、地点及验收组名单书面通知负责监督该工程的工程质量监督机构。

4）工程竣工验收合格后，建设单位应及时提出工程竣工验收报告。

（3）工程竣工验收合格的条件

1）构成单位工程的各个分部工程应验收合格。

2）有关的质量控制资料应完整。

3）涉及安全、节能、环境保护和主要使用功能的分部工程检验资料应复查合格。

4）对主要使用功能应进行抽查。

5）观感质量应通过验收。

（4）观感质量验收分"好""一般""差"等三种质量评价结果。

10. 工程质量监督报告【详见 P161～P163】

质量监督站对工程竣工验收的组织形式、验收程序、执行标准等情况进行现场监督，竣工后提出工程质量监督报告。

巩固练习

1.【判断题】分项工程质量验收记录表中，施工单位评定检查结果应填写为合格。

（　　）

2.【判断题】分部工程质量验收记录表中，质量控制资料结果应填写为合格。（　　）

3.【判断题】分部工程质量验收记录表中，安全和功能检测报告结果应填写为符合有关规定。（　　）

4.【判断题】观感质量评价分为好、一般、差。（　　）

5.【判断题】检验批质量验收记录表中，施工执行标准必须采用国家标准。（　　）

6.【判断题】单位（子单位）工程质量竣工验收记录表中，质量控制资料核查结果应填写为完整。（　　）

7.【判断题】单位（子单位）工程观感质量检查记录表中，抽查质量状况结果填写为0的表示符合要求。（　　）

8.【单选题】编码为C3的施工资料是（　　）资料。

A. 施工管理　　　　　　　　　　　B. 施工物资

C. 质量验收　　　　　　　　　　　D. 进度控制

9.【单选题】施工单位填写的工程概况表与施工组织设计同步完成，并应一式（　　）份。

A. 二　　　　　　　　　　　　　　B. 三

C. 四　　　　　　　　　　　　　　D. 五

10.【单选题】散装水泥试验批量每批不超过（　　）t。

A. 100　　　　　　　　　　　　　B. 300

C. 400　　　　　　　　　　　　　D. 500

11.【单选题】烧结砖试验批量每批不超过（　　）万块。

A. 5　　　　　　　　　　　　　　B. 10

C. 15　　　　　　　　　　　　　D. 20

12.【单选题】砂石试验批量每批不超过（　　）t。

A. 300　　　　　　　　　　　　　B. 400

C. 500　　　　　　　　　　　　　D. 600

13.【单选题】施工单位填写的材料、构配件进场检验记录，应一式（　　）份。

A. 二　　　　　　　　　　　　　　B. 三

C. 四　　　　　　　　　　　　　　D. 五

14.【单选题】施工单位填写的隐蔽工程验收记录，留存单位不包括（　　）。

A. 建设单位　　　　　　　　　　　B. 监理单位

C. 设计单位　　　　　　　　　　　D. 施工单位

15.【单选题】交接双方共同填写的交接检查记录，留存单位不包括（　　）。

A. 移交单位　　　　　　　　　　　B. 设计单位

C. 接收单位　　　　　　　　　　　D. 见证单位

16.【单选题】砌筑砂浆的验收批，同一类型强度等级的砂浆试块应不少于（　　）组。

A. 1　　　　　　　　　　　　　　B. 2

C. 3　　　　　　　　　　　　　　D. 4

17.【单选题】砌筑砂浆应以标准养护，龄期为（　　）d的试块抗压试验结果为准。

A. 3　　　　　　　　　　　　　　B. 7

C. 14   D. 28

18. 【单选题】对于房屋建筑，每一楼层同一配合比的混凝土，取样不应少于（ ）次。

A. 1   B. 2
C. 3   D. 4

19. 【单选题】施工单位填写的结构实体混凝土强度验收记录，留存单位不包括（ ）。

A. 建设单位   B. 监理单位
C. 政府质量监督部门   D. 城建档案馆

20. 【单选题】施工单位填写的结构实体钢筋保护层厚度检验记录，应一式（ ）份。

A. 二   B. 三
C. 四   D. 五

21. 【单选题】施工单位填写的灌（满）水试验记录，留存单位不包括（ ）。

A. 施工单位   B. 设备供应单位
C. 建设单位   D. 监理单位

22. 【单选题】施工单位填写的承压管道、设备的强度严密性试验记录，留存单位不包括（ ）。

A. 监理单位   B. 施工单位
C. 经销商   D. 城建档案馆

23. 【单选题】工程竣工预验收合格后，项目监理机构应编写（ ），并应经总监理工程师和工程监理单位技术负责人审核签字后报建设单位。

A. 竣工验收报告   B. 工程质量检查报告
C. 工程质量评估报告   D. 工程质量预验收报告

24. 【单选题】施工单位填写的冲（吹）洗试验记录，应一式（ ）份。

A. 二   B. 三
C. 四   D. 五

25. 【单选题】参加竣工验收的单位不包括（ ）单位项目负责人。

A. 监理   B. 施工
C. 工程检测   D. 设计

26. 【单选题】施工单位填写的大型照明灯具承载试验记录，应一式（ ）份。

A. 二   B. 三
C. 四   D. 五

27. 【单选题】房屋建筑工程竣工验收工作由（ ）单位组织实施。

A. 建设   B. 监理
C. 设计   D. 施工

28. 【单选题】建设单位应当在工程竣工验收（ ）个工作日前将验收的时间、地点及验收组名单书面通知质监站。

A. 1   B. 3
C. 5   D. 7

29. 【多选题】施工单位填写的见证试验检测汇总表，应由（   ）保存。

A. 建设单位   B. 施工单位

C. 建立单位   D. 城建档案馆

E. 监理单位

30. 【多选题】施工单位填报的监理工程师通知回复单，应由（   ）保存。

A. 建设单位   B. 施工单位

C. 建立单位   D. 城建档案馆

E. 监理单位

31. 【多选题】施工单位填写的分部（子分部）质量验收记录，应由（   ）保存。

A. 建设单位   B. 监理单位

C. 施工单位   D. 设计单位

E. 城建档案馆

【答案】1. √；2. ×；3. √；4. √；5. ×；6. √；7. √；8. D；9. C；10. D；11. C；12. D；13. A；14. C；15. B；16. C；17. D；18. A；19. C；20. C；21. B；22. C；23. C；24. B；25. C；26. B；27. A；28. D；29. BE；30. BE；31. ABCE

第五节　竣 工 图 编 制

考点 21：竣工图编制要点●

> **教材点睛**　教材 P163～P166
>
> **法规依据：**《建设项目档案管理规范》DA/T 28—2018。
>
> **1. 竣工图的作用：** 是工程竣工档案的重要组成部分，是对完工工程的真实描述，也是工程竣工验收必备条件，是工程使用期间管理、维修、改建、扩建的依据。
>
> **2. 竣工图的编制要求**（共 14 条）【详见 P163～P164】。
>
> **3. 竣工图图纸折叠方法**【详见 P164～P166】。

巩固练习

1. 【判断题】竣工图的比例应与原施工图一致。 （　　）

2. 【判断题】竣工图通常由施工单位负责编制。 （　　）

3. 【单选题】竣工图应依据工程技术规范，按单位工程、分部工程、专业编制，并配有（   ）。

A. 档案盒   B. 竣工图编制说明和图纸目录

C. 图纸审查机构意见   D. 设计单位审查意见

4. 【单选题】按照施工图施工没有变更的，由（   ）在施工图上逐张加盖并签署竣工图章。

A. 设计单位   B. 竣工图编制单位

C. 建设单位   D. 监理单位

5.【单选题】竣工图折叠后幅面尺寸应以（   ）为标准。

A. 2 号图   B. 3 号图

C. 4 号图   D. 5 号图

6.【多选题】应重新绘制竣工图的情形包括（   ）。

A. 原图纸内容在图纸中布置不合理

B. 涉及结构形式、工艺、平面布置、项目等重大改变

C. 原图纸字体较大

D. 图面变更面积超过 20％

E. 合同约定对所有变更均需重绘或变更面积超过合同约定比例

【答案】1. √；2. √；3. B；4. B；5. C；6. BDE

第六章　建筑业统计的基础知识

第一节　建筑业统计基本知识

考点 22：建筑业统计基本知识●

教材点睛　教材 P167～P168

1. 建筑业统计工作的作用和基本内容

（1）作用：为国家建筑业的发展和决策积累数据，为建筑业科学管理提供依据，为建筑业的科学研究提供参考，为建筑企业领导进行决策和管理提供依据。

（2）工作的基本内容：包括统计调查、统计整理、统计分析和统计年报等。

2. 建筑业统计的对象、任务、调查单位及统计范围

（1）对象：建筑业生产经营活动的数量表现。

（2）任务：结合采用多种统计调查方法，准确、及时、全面地搜集反映建筑生产经营活动的统计资料，科学地整理和分析这些资料，并提出切合实际的建议和有根据的预测，为各级政府和主管部门进行宏观决策和管理，编制和检查计划提供依据，为企业领导进行微观决策和管理提供依据。

（3）调查单位：是统计调查内容的承担者，也是构成调查总体的基本单位。

（4）建筑业统计范围：所有资质建筑企业、资质外建筑企业和个体建筑户（全国经济普查五年一次）。

第二节　施工现场统计工作内容

考点 23：施工现场统计工作●

教材点睛　教材 P168～P171

法规依据：《中华人民共和国统计法》。

1. 施工现场统计工作的主要目的：①为工程项目决策和检查执行情况提供依据；②为编制工程施工计划和检查施工进度完成情况提供依据；③为工程动态提供分析依据。

2. 统计工作的特点：通过搜集、汇总、计算统计数据来反映事物的面貌与发展规律。

3. 数量性是统计信息的基本特点：通过数字揭示事物在特定时间、特定方面的数量特征，帮助我们对事物进行定量乃至定性分析，从而做出正确的决策。

4. 统计基础工作的规范化管理通过原始记录登记、统计台账和统计报表等工作实现。

5. 建筑业统计报表制度是《一套表统计调查制度》的组成部分。统计内容包括调查单位的基本情况、从业人员及工资总额、财务状况、生产经营状况、能源和水消费、固定资产投资、研发活动、信息化和电子商务交易情况等。

6. **建筑业统计报表制度的统计内容**：主要包括建筑业企业基本情况，建筑业企业所属产业活动单位基本情况，建筑业企业生产情况，建筑业企业财务状况，建筑业企业房屋建筑完成情况、能源消费情况及劳务分包建筑业企业生产经营情况等指标。建筑业统计报表制度的表式按报告期分为年报和定期报表。

7. **报表制度的资料来源**：取自具有建筑业资质等级的法人建筑业企业的基层资料。

8. **施工企业项目部统计报表**：主要包括上报公司各类计划报表、上报公司各类统计台账、上报公司各类统计报表、上报甲方各类计划报表、上报甲方各类统计报表、上报监理及甲方各类统计报表、项目部内部管理统计表、回访维修统计报表。

巩固练习

1. 【判断题】建筑业统计的对象是建筑业生产经营活动的数量表现。 （　）

2. 【判断题】建筑业统计的范围是根据调查任务，结合考虑需要而确定的统计调查所应该包含的单位。 （　）

3. 【单选题】施工生产任务预计完成情况是（　）报表。
A. 项目部上报公司　　　　　　　　B. 项目部内部管理
C. 项目部上报甲方　　　　　　　　D. 项目部上报监理

4. 【单选题】项目部资金使用情况月报是（　）报表。
A. 项目部上报公司　　　　　　　　B. 项目部内部管理
C. 项目部上报甲方　　　　　　　　D. 项目部上报监理

5. 【单选题】月形象进度核验表是（　）报表。
A. 项目部上报公司　　　　　　　　B. 项目部内部管理
C. 项目部上报甲方　　　　　　　　D. 项目部上报监理

6. 【单选题】月工程款支付申请表是（　）报表。
A. 项目部上报公司　　　　　　　　B. 项目部内部管理
C. 项目部上报乙方　　　　　　　　D. 项目部上报监理

7. 【单选题】月度施工生产计划是（　）报表。
A. 项目部上报公司　　　　　　　　B. 项目部内部管理
C. 项目部上报甲方　　　　　　　　D. 项目部上报监理

8. 【单选题】本月实际完成情况与进度计划比较表是（　）报表。
A. 项目部上报公司　　　　　　　　B. 项目部内部管理

C. 项目部上报乙方 　　　　　　　　　D. 项目部上报监理

9.【单选题】工程量登记台账是(　　)报表。

A. 项目部上报公司 　　　　　　　　　B. 项目部内部管理

C. 项目部上报甲方 　　　　　　　　　D. 项目部上报监理

10.【单选题】工程款回收情况是(　　)报表。

A. 项目部上报公司 　　　　　　　　　B. 项目部内部管理

C. 项目部上报甲方 　　　　　　　　　D. 项目部上报监理

11.【多选题】统计基础工作规范化管理的基本特点为,(　　)的形成必须有严格的工作程序。

A. 原始凭证 　　　　　　　　　　　　B. 原始记录

C. 统计台账 　　　　　　　　　　　　D. 统计报表

E. 统计核算

12.【多选题】项目部向甲方上报的各类计划报表包括(　　)计划。

A. 月度建筑安装工程施工生产

B. 月度在施工程进度

C. 季度建筑安装工程施工生产

D. 季度在施工程进度

E. 年度施工生产进度

【答案】1. √；2. ×；3. A；4. B；5. C；6. D；7. A；8. D；9. A；10. B；11. BCD；12. BDE

第七章 资料安全管理的有关规定

第一节 资料安全管理职责

考点 24：资料安全管理职责●

教材点睛 教材 P172

法规依据：《建设项目档案管理规范》DA/T 28—2018。

1. 资料安全管理：指施工文件档案资料形成单位、保存单位对施工文件档案资料载体和信息内容采取有效保护措施，避免受到自然灾害或人为侵害，并使其处于安全状态的管理工作。

2. 资料安全管理内容：包括资料的安全管理责任、资料载体安全管理、资料信息安全管理。

3. 资料安全管理工作原则：严格管理、预防为主、防治结合、确保安全。

4. 资料管理部门的职责：负责单位工程资料安全的综合管理工作；指导、监督、检查同级各单位资料安全管理工作；接受上级资料管理部门的指导、监督、检查。

5. 资料安全管理措施

（1）加强工程资料安全宣传教育，要采用多种形式开展教育活动，增强全员资料安全意识，并使资料安全教育经常化、制度化。

（2）建立健全工程资料安全管理制度，确保合理的经费投入，做到每年有计划、有检查、有总结。

（3）制定周密细致、便于操作、切实有效的突发性灾害、事故应急处置预案，应对可能出现的各种突发性事件，确保资料实体和资料信息的安全。

（4）工程资料管理人员应熟知资料安全保护知识，定期进行资料安全检查，做好检查记录，发现问题或安全隐患应及时向分管领导汇报，并采取相应的处理措施。

（5）各级资料管理部门应定期在所辖行政区域开展全面、细致的资料安全检查，对检查情况和发现的问题要进行认真分析，并采取切实有效的措施，督促有关单位限时整改。

（6）发生资料安全事故的单位应及时向主管领导和上级机关报告，同时组织在第一时间进行抢救恢复，严禁瞒报、迟报。

第二节　资料载体安全管理

考点 25：资料载体的安全管理

教材点睛　教材 P173

1. 施工文档资料的安全载体：资料、档案室（库）。

2. 资料档案室（库）的"十防"设施：防盗、防火、防震、防高温、防潮、防霉、防尘、防紫外线照射、防有害气体、防有害生物等。

3. 资料档案室（库）应符合《城建档案业务管理规范》CJJ/T 158—2011 的相关规定。

第三节　资料信息安全管理

考点 26：资料信息安全管理制度和措施

教材点睛　教材 P174～P176

1. 施工文档资料的收文与登记：保证收取资料的可追溯性。

2. 施工文档资料的分级、分类存放：满足文件查阅和求证的需要，方便项目竣工后施工文档资料的归档移交。

3. 施工文档资料的发放与登记管理：保证文件的发放到位及可追溯性。

4. 施工文档资料借阅、更改：保证文件资料的借阅安全及更改的及时性和有效性。

5. 施工文档管理检查：采取定期与不定期两种方式，强化文档管理，保证文档资料的完整性、安全性与完好性。

第四节　施工文档资料的保密制度

考点 27：施工文档资料保密制度●

教材点睛　教材 P176～P177

1. 认真执行国家有关档案工作的保密制度，制定各级单位文件资料信息安全管理制度，确保存储资料信息的安全。

2. 做好文档资料的鉴定工作，科学、准确地区分、判定资料开放与控制使用范围。

3. 企业各级资料管理部门对所保存的涉密资料和控制使用，在管理和利用时应当依照国家有关法规并根据实际工作需要，制定审批手续并严格执行，不得擅自开放或扩大利用范围。

4. 应加强对计算机及其他信息设备的使用管理，凡涉及保密资料的电子设备、通信和办公自动化系统均应符合保密要求。

5. 各级各类文件资料管理机构面向社会开放的资料信息网站，应按规定报相关公安部门备案，并在接受安全评估合格后，方可接入互联网。

6. 各级各类资料管理部门的档案信息管理系统应安全可靠。

7. 计算机信息系统打印输出的涉密资料信息，应按相应密级的文件进行管理，密级标识不能与正文分离。

8. 用介质交换资料信息或数据必须进行病毒预检，防止病毒破坏系统和数据。

9. 到期存档资料经鉴定后，销毁资料载体应确保资料信息无法还原。

第五节　施工文档资料安全管理的措施

考点 28：施工文档资料安全管理措施

1. 保密原则：严格按照《中华人民共和国保守国家秘密法实施条例》执行，机密的保管实行点对点管理办法，落实到人头，做到有法可依，违法必究，责任落实到位。

2. 组织机构建立：公司任命负责人并牵头成立保密工作组，组员由档案管理专职人员、技术负责人、项目管理人员和公司经理组成，配备专用的档案室，每个工程由项目负责人兼任保密责任人。

3. 保密内容：工程技术实现原理、软硬件使用密码、工程施工线路及设备布局图，工程进度及扩展方式，通信及交换协议，工程实施细节合同等。

4. 制定项目施工文档资料保密实施细则。

巩固练习

1.【判断题】应加强对计算机及其他信息设备的使用管理，凡涉及保密资料的电子设备、通信和办公自动化系统均应符合保密要求。　　　　　　　　　　　　　　　（　　）

2.【判断题】编报的统计报表要按现场实际完成情况严格审查核对，不得多报、早报、重报、漏报。　　　　　　　　　　　　　　　　　　　　　　　　　　　　（　　）

3.【单选题】各资料科（室）每年定期对存档资料安全保管情况进行（　　）的安全性抽样检查。

  A. 10%　　　　　　　　　　　　　　　B. 20%

  C. 30%　　　　　　　　　　　　　　　D. 40%

4.【单选题】资料室温度应控制在（　　）℃。

  A. 10～20　　　　　　　　　　　　　　B. 12～22

C. 13～24   D. 16～26

5.【单选题】资料室相对湿度应控制在（   ）。

A. 30%～45%   B. 35%～60%

C. 50%～65%   D. 55%～70%

6.【单选题】资料室（库）应配有防有害生物的药品，有效控制面积应达到（   ）。

A. 70%   B. 80%

C. 90%   D. 100%

7.【单选题】资料室（库）照明应选择无（   ）光源。

A. 污染   B. 辐射

C. 紫外线   D. 红外线

8.【单选题】（   ）负责工程项目的资料档案管理、计划、统计管理及内业管理工作。

A. 资料员   B. 安全员

C. 质量员   D. 施工员

9.【单选题】全部工程施工图纸每一项目应收存不少于（   ）套正式图纸。

A. 1   B. 2

C. 3   D. 4

10.【单选题】资料员应按时向公司档案室移交目录，一式（   ）份。

A. 1   B. 2

C. 3   D. 4

11.【多选题】资料安全管理工作的内容包括（   ）。

A. 安全管理流程   B. 安全管理职责

C. 实体安全管理   D. 信息安全管理

E. 库房安全管理

12.【多选题】打印过的废纸和校对底稿应及时（   ）。

A. 更新   B. 清理

C. 销毁   D. 丢掉

E. 使用

【答案】1. √；2. √；3. A；4. C；5. B；6. D；7. C；8. A；9. B；10. B；11. BCDE；
12. BC

第八章　编制施工资料管理计划

第一节　资料管理计划的特点

考点 29：资料管理计划的特点●

> **教材点睛**　教材 P178
>
> 　　**1. 资料员执业要求：**具备资料收集整理、资料使用保管、资料归档移交和资料信息系统管理等主要任务的专业技能。
>
> 　　**2. 施工资料管理计划：**指导施工单位施工文档资料收集、分类、组卷、移交和归档等资料管理工作的基础文件，是从施工准备到施工验收全过程的施工文件档案管理目标的控制依据。
>
> 　　**3.** 施工资料管理计划由项目经理组织项目技术负责人、资料员等相关人员，在开工前共同编制完成。
>
> 　　**4. 施工资料管理计划的内容：**包括项目各个实施阶段的任务划分；每个阶段的工作重点和任务的内容；完成本阶段工作和任务的资源需求，时间期限、阶段工作和任务的成果形式。
>
> 　　**5. 施工资料管理计划的特点：**预见性、针对性、可行性和约束性。

第二节　施工资料管理计划的编制

考点 30：施工资料管理计划的编制★

> **教材点睛**　教材 P178～P214
>
> 　　**1.** 施工资料管理计划的编制依据《建设工程文件归档规范》GB/T 50328—2014（2019 年版）、《建筑工程施工质量验收统一标准》GB 50300—2013、《建筑工程资料管理规程》JGJ/T 185—2009、建筑工程施工质量专业验收规范等指导性文件，建筑工程项目施工组织设计、质量验收计划、工程合同及相关文件，同类项目的相关资料等。
>
> 　　**2.** 施工资料管理计划的项目结构应符合《建设工程文件归档规范》GB/T 50328—2014（2019 年版）中施工文档文件立卷的原则【详见 P35 表 3-1】。合理取舍与实际工程项目相关的各个分部工程施工管理、施工技术、进度造价、施工物资出厂质量证明及进场检测、施工记录、施工试验记录、施工质量验收、施工验收等八类施工资料的名录。

　　3. 资料分类编码系统应符合《建筑工程资料管理规程》JGJ/T 185—2009 的编号规定编制。

　　4. 根据资料传递的途径、反馈的范围和涉及的相关人员建立施工文件档案资料的工作职责和管理体系。

　　5. 施工资料管理计划的编制过程：包括建立资料形成管理的流程；分析项目的施工过程，确定施工资料收集的范围；依据资料的来源、内容、时间和资料管理计划编制的项目结构，列出以分部工程为单位的施工资料管理计划；汇总各分部工程施工资料管理计划，形成单位工程施工资料管理计划；确定岗位人员职责和工作程序进行资料技术交底。

　　6. 资料管理工作控制程序（PDCA）：提出资料管理计划（P 即计划、台账、交底）→资料管理实施（D 即收集、审查、整理）→检查（C 即检索、处理、存储、传递、追溯、应用）→处理（A 即立卷、验收、移交、备案和归档）。

　　7. 岗位人员工作内容：工程项目图纸档案的收集、管理；参加分部分项工程的验收工作；负责计划、统计的管理工作；负责工程项目的内业管理工作等。

　　8. 施工资料管理计划、交底编制导则【详见 P188~P214 表 8-4】。

巩固练习

　　1.【判断题】依据《建筑工程施工质量验收统一标准》GB 50300—2013 确定施工项目的分部、分项、检验批。　　　　　　　　　　　　　　　　　　　　　　　　（　　　）

　　2.【判断题】依据《建筑工程施工资料计划编制导则》确定资料来源、内容及标准。
　　　　　　　　　　　　　　　　　　　　　　　　　　　　　　　　　　　　　（　　　）

　　3.【判断题】施工资料管理计划是指导施工文档资料收集、分类、组卷、移交和归档等工作的指导文件。　　　　　　　　　　　　　　　　　　　　　　　　　　　（　　　）

　　4.【单选题】施工物资验收和资料管理流程的内容有①形成文件、②见证取样、③物资进场、④审核批复，资料管理流程为（　　　）。

　　A.①②③④　　　　　　　　　　　　　　B.②①③④

　　C.②③①④　　　　　　　　　　　　　　D.③②①④

　　5.【单选题】分部（子分部）工程质量验收程序有①检验批施工完成、②自检、③下道工序、④验收，资料管理流程为（　　　）。

　　A.①②③④　　　　　　　　　　　　　　B.①②④③

　　C.①③②④　　　　　　　　　　　　　　D.③①②④

　　6.【单选题】单位（子单位）工程质量验收程序有①分部（子分部）施工完成、②预验收、③工程移交、④验收，资料管理流程为（　　　）。

　　A.①②③④　　　　　　　　　　　　　　B.②④①③

　　C.①②④③　　　　　　　　　　　　　　D.③①②④

　　7.【单选题】工程资料 A 类文件为（　　　）文件。

A. 工程准备阶段　　　　　　　　　B. 施工资料

C. 监理资料　　　　　　　　　　　D. 竣工图

8.【单选题】工程资料 B 类文件为(　　)文件。

A. 工程准备阶段　　　　　　　　　B. 施工资料

C. 监理资料　　　　　　　　　　　D. 竣工图

9.【单选题】工程资料 C 类文件为(　　)文件。

A. 工程准备阶段　　　　　　　　　B. 施工资料

C. 监理资料　　　　　　　　　　　D. 竣工图

10.【单选题】地基与基础分部工程共有(　　)子分部工程。

A. 7 个　　　　　　　　　　　　　B. 5 个

C. 6 个　　　　　　　　　　　　　D. 9 个

11.【单选题】依据《建设工程文件归档规范》GB/T 50328—2014（2019 年版）的分类标准，每个分部工程按照(　　)目录分级设置。

A. 四级　　　　　　　　　　　　　B. 三级

C. 二级　　　　　　　　　　　　　D. 五级

12.【多选题】资料管理计划应具有(　　)的特点。

A. 预见性　　　　　　　　　　　　B. 时效性

C. 针对性　　　　　　　　　　　　D. 可行性

E. 约束性

13.【多选题】资料计划的编制过程，资料来源于(　　)。

A. 施工过程　　　　　　　　　　　B. 形成单位

C. 施工组织设计　　　　　　　　　D. 见证记录

E. 施工质量验收规范

14.【多选题】下列属于技术管理资料的是(　　)。

A. 工程概况表　　　　　　　　　　B. 施工日记

C. 施工组织设计　　　　　　　　　D. 见证记录

E. 施工检测计划

15.【多选题】资料员的工作职责包括(　　)。

A. 负责制定施工资料管理计划

B. 建立完整的资料控制管理台账

C. 参与资料的收集、审查、整理

D. 参与资料的来往传递、追溯及借阅管理

E. 负责施工资料管理系统的运用、服务和管理

【答案】1. √；2. √；3. ×；4. D；5. B；6. C；7. A；8. C；9. B；10. D；11. A；12. ACDE；13. AB；14. ABDE；15. BE

第九章　建立施工资料收集台账

考点31：施工资料收集台账●

教材点睛 | 教材 P215～P216

1. 施工资料台账的建立

（1）建立流程：建立台账的管理系统（要求：项目详细、条理清晰，有相关的数据库支持）→按照先后顺序分类→同一类型的资料按照时间先后顺序排序。

（2）施工资料台账编制的内容：包括序号、资料题名、编制单位、编制日期、页数和备注（资料台账内容应与工程建设同步）。

（3）按规范要求配备档案用房、器具（文件夹、文件盒、文件柜、文件筐）等。

2. 工程文件接收登记制度

（1）施工资料的收文登记管理常由施工单位技术负责部门负责，具体实施由资料员实施。

（2）档案资料室对接收的工程文件应及时建立工程文件接收总登记账和分类账（簿式台账和电子台账），并能利用计算机进行各类工程文件的查询检索。

（3）登记完毕的工程文件，应及时予以处理，在保证归档份数后，应按工程部负责人审定的工程文件分发表及时分给有关单位和部门。

3. 工程文件资料发放登记制度

（1）分发外单位和部门的工程文件资料由档案资料室统一归口办理。

（2）呈送上级单位的工程文件由工程部领导确定发放单位和数量。

（3）分发的图纸资料应建立资料分发台账，资料分发台账应留存备查。

（4）为避免工程文件资料分发过程中可能出现的错发现象，图纸、资料领取单位应指定领取人名单，并书面通知档案资料室；档案资料室按指定名单发放工程文件资料。

巩固练习

1.【判断题】对接受的保密级文件，要严格按保密规定妥善收存，并认真执行密级文件资料的借阅规定。　　　　　　　　　　　　　　　　　　　　　　　　（　　）

2.【判断题】上级主管机关所发的文件由档案资料室统一接收。　　　　　（　　）

3.【判断题】施工图资料不足部分，施工单位可委托档案资料室向设计院提出增加施工图供应数量。　　　　　　　　　　　　　　　　　　　　　　　　　　（　　）

4.【判断题】设备资料文件不足部分，施工单位可自行联系复制。　　　　（　　）

5.【判断题】为与现行的《建筑工程资料管理规程》JGJ/T 185—2009 中的工程资料编号的表达方式统一和表示方便，可按照《建筑工程施工资料计划、交底编制导则》的结

构形式替代施工资料的章、节、项、目的目录。 ( )

6.【单选题】工程资料台账编制的内容应包括序号、( )、编制单位、编制日期、页数和备注。

A. 项目名称 B. 资料题名

C. 文件名称 D. 记录名称

7.【多选题】档案室应按主管领导审定的( )分发工程文件资料。

A. 施工图目录 B. 施工图分发表

C. 设备资料分发表 D. 设备资料目录

E. 设备明细表

8.【多选题】工程资料按照参建单位资料的( )分为 ABCDE 五大类。

A. 收集范围 B. 归档要求

C. 资料性质 D. 专业分类

E. 形成过程

9.【多选题】监理资料宜按《建筑工程资料管理规程》JGJ/T 185—2009 中规定的( )顺序编号。

A. 单位 B. 形成时间

C. 分部 D. 子分部

E. 类别

10.【多选题】属于单位工程整体管理内容的资料，编号中的( )代号可用"00"代替。

A. 分类 B. 形成时间

C. 分部 D. 子分部

E. 顺序号

11.【多选题】同一( )的施工物资用在两个分部、子分部工程中时，资料编号中的分部、子分部工程代号可按主要使用部位填写。

A. 厂家 B. 品种

C. 规格 D. 批次

E. 型号

12.【多选题】专用表格的编号应填写在表格的( )。

A. 左上角 B. 右上角

C. 右下角 D. 编号栏中

E. 适当位置注明

【答案】1. √；2. ×；3. √；4. √；5. √；6. B；7. BC；8. ACD；9. BCDE；10. CD；11. ABD；12. BD

第十章 施 工 资 料 交 底

考点 32：施工资料交底●

> **教材点睛** 教材 P217～P219
>
> **1. 施工资料交底对象**：包括项目经理、项目技术负责人、施工员、质量员、安全员、材料员、机械员、劳务员、标准员及预算员等相关人员。
>
> **2. 施工资料交底的近外层对象**：包括质量监督站、安全监督站、建设单位、监理单位、设计单位、勘察单位、试验检测单位及材料、设备、构配件供货单位等有关单位。
>
> **3. 施工资料交底内容**：依据《建筑工程施工资料计划、交底编制导则》向资料的收集人明确何时向何单位、何人收集何种资料。
>
> **4. 工程施工资料形成过程中项目管理人员的职责**【详见 P218～P219】。
>
> **5. 施工资料形成要求**
>
> （1）施工归档文件的形成应严格按照《建设工程文件归档规范》GB/T 50328—2014（2019 年版）的编制、审核、审批规定执行。
>
> （2）施工中编制形成的施工文件有报验、报审要求的，施工单位按报验、报审程序，经过本单位审核签认后，方可报建设（监理）单位审批签认。
>
> （3）施工文件的报验、报审有时限性要求的，相关单位已在合同中约定报验、报审文件的申报时间及审批时间，并约定应承担的责任；当无约定时，施工文件的报审不得影响正常施工。

巩固练习

1.【判断题】工程技术员对参与项目管理的有关人员进行有关资料管理内容的交底，通常交底包括交底的对象和交底的内容。　　　　　　　　　　　　　　　（　　）

2.【判断题】工程设计变更是对施工图纸的补充和修改，设计单位签发工程设计变更通知单，应由设计专业负责人和建设单位相关负责人签认。　　　　　　　　（　　）

3.【判断题】工程隐蔽部位经承包人自检确认具备覆盖条件的，承包人应在共同检查前 24h 书面通知监理人检查。　　　　　　　　　　　　　　　　　　　（　　）

4.【单选题】分部工程质量检查记录由（　　）填写。

A. 项目经理　　　　　　　　　　　B. 专业监理工程师

C. 资料员　　　　　　　　　　　　D. 项目专业质量员

5.【单选题】参与工程竣工验收，准备结算资料和分析总结，接受审计是（　　）的资料管理职责。

A. 项目经理
B. 项目技术负责人

C. 专业施工员
D. 项目专业质量员

6.【单选题】指导检查各项施工资料的正确填写和收集整理是( )的资料管理职责。

A. 项目经理
B. 项目技术负责人

C. 专业施工员
D. 项目专业质量员

7.【单选题】汇总移交施工资料是( )的资料管理职责。

A. 项目技术负责人
B. 专业资料员

C. 专业施工员
D. 项目专业质量员

8.【单选题】负责试验报告单的验证确认是( )的资料管理职责。

A. 项目经理
B. 项目技术负责人

C. 专业施工员
D. 项目专业质量员

9.【多选题】技术交底一般包括( )。

A. 技术通知书
B. 会议纪要

C. 设计交底
D. 施工交底

E. 安全交底

10.【多选题】建设过程中形成的文件向( )机构移交。

A. 建设单位档案管理
B. 质监单位档案管理

C. 本单位档案管理
D. 本单位信息管理

E. 建设单位信息管理

11.【多选题】建设工程归档资料的( )均应符合《建设工程文件归档规范》GB/T 50328—2014（2019年版）的规定。

A. 收集质量
B. 整理质量

C. 分类
D. 组卷

E. 传递

【答案】1. ×；2. ×；3. ×；4. C；5. A；6. B；7. C；8. D；9. CD；10. AD；11. ACD

第十一章　收集、审查与整理施工资料

考点 33：施工资料的收集、审查与整理★●

> **教材点睛** 教材 P220～P231

　　1. 施工资料管理：主要包括资料形成管理；资料的收集、整理、归档管理；资料的安全、使用管理。

　　2. 资料的收集、整理、归档管理阶段的主要工作内容：按照施工文件档案资料管理计划的要求，分级分类地收集、审查、整理、组卷、移交、备案、归档施工文档管理资料。

　　3. 资料的安全、使用管理的主要工作内容：对资料的内容和载体采取有效的保护措施，负责施工资料的来往传递、追溯及借阅管理，负责提供管理数据、信息资料。

　　4. 施工资料收集、审查应符合《建设工程文件归档规范》GB/T 50328—2014（2019 年版）的要求，工程文件应字迹清楚，图样清晰，图表整洁，签字盖章手续完备，并具有真实性、完整性和准确性。

　　5. 工程资料文件填写与审查要求【详见 P221**】。**

　　6. 检验批质量验收记录表填写与审查要求【详见 P221～P223**】**

　　7. 分项工程质量验收记录表填写与审查：分项工程验收由监理工程师组织项目专业技术负责人等进行验收。监理单位验收结论应由专业监理工程师逐项审查并填写验收结论，同意项填写"合格"，不同意项暂不填写，待处理后再验收，但应做标记。

　　8. 分部工程验收记录表填写与审查

　　（1）分部工程安全和功能项目的检验，主要涉及安全、节能、环境保护和主要使用功能的地基与基础、主体结构和设备安装等分部工程进行的有关的见证检验和抽样检验。

　　（2）分部工程应由施工单位将自行检查评定合格的表填写好后，由项目经理交监理单位验收。由总监理工程师组织施工单位项目负责人及有关勘察（地基与基础部分）、设计（地基与基础及主体结构等）单位项目负责人进行验收，并按分部工程验收记录表的要求进行记录。

　　（3）验收单位签字认可：按表列参与工程建设责任单位的项目负责人应亲自签名，以示负责，以便追查质量责任。

　　9. 单位工程质量竣工验收记录表填写与审查

　　（1）单位工程质量验收由五部分内容组成，每一项内容都有专门的验收记录表，单位工程质量竣工验收记录是一个综合性的表，是各项目验收合格后填写的。

（2）单位工程由建设单位项目负责人组织施工（含分包单位）、设计、勘察单位项目负责人、监理单位总监理工程师共同进行验收。单位工程质量竣工验收记录表应由参加验收单位盖章，并由负责人签字。质量控制资料核查记录表、安全和功能检验资料核查及主要功能抽查记录表、观感质量检查记录表应均由施工单位项目负责人和总监理工程师签字。

10. 竣工图资料的收集、审查、整理

（1）竣工图资料的收集：包括承包单位施工过程中产生的设计变更通知单、文件（技术核定单）、设计交底记录。

（2）竣工图的审核：竣工图内容应与施工图设计、设计变更、洽商、材料变更，施工及质量检验记录相符合；竣工图按单位工程分专业编制，并配有详细编制说明和目录；竣工图应使用新的或干净的施工图，并按要求加盖并签署竣工图章；一张变更通知单涉及多图的，如果图纸不在同一卷册的，应将复印件附在有关卷册中，或在备考表中说明。

（3）竣工图的整理：按单位工程分专业进行立卷；不同幅面的工程图纸，应统一折叠成 A4 幅面；图面朝内，先沿标题栏的短边方向以 W 形折叠，再沿标题栏的长边方向以 W 形折叠，使标题栏露在外面。

11. 现场安全资料的收集、审查、整理

（1）现场安全资料收集的内容：主要包括安全生产责任制，目标管理，施工组织设计（专项方案），分部（分项）工程安全技术交底，安全检查，安全教育，班前安全活动，特种作业持证上岗，工伤事故处理，安全标志，安全防护用品、临时设施费管理，各类设备、设施验收及检查记录，文明施工等共计 13 类。

（2）五牌二图：工程概况牌，安全纪律牌，防火须知牌，安全无重大事故计时牌，安全生产、文明施工牌；施工总平面图，项目经理部组织构架及主要管理人员名单图。

（3）施工现场安全资料收集后主要审查的内容：可分为表头填写、资料编制内容、资料报送结论部分。审查表头部分可统一填写，明确负责人的地位。资料报送结论部分，主要确认结论和签章是否完整，签章或签字人是否是本人签名，且是否与合同一致。

巩固练习

1.【判断题】施工资料的填写、编制、审核、审批等内容应符合国家规范和技术标准的有关规定，内容完整、结论明确、签认手续齐全。　　　　　　　　　　　（　　）

2.【判断题】工程名称栏应填写工程名称的全称。　　　　　　　　　　　　（　　）

3.【判断题】建设单位栏应填写合同文件中的甲方单位，且与合同签章上的单位名称相同。　　　　　　　　　　　　　　　　　　　　　　　　　　　　　　（　　）

4.【判断题】总监理工程师栏应是合同或协议中明确的项目监理负责人。　（　　）

5.【判断题】项目经理栏、项目技术负责人栏与合同中明确的项目经理、项目技术负

责人一致。 （ ）

6.【判断题】抽样检验在一定的样本容量中抽取具有一定代表性的最小抽样数量，其目的是要保证验收检验具有一定的抽样量。 （ ）

7.【判断题】验收部位是指一个分部工程中验收的那个分项工程的抽样范围。（ ）

8.【判断题】项目经理填写表头的分包单位时，不需要本人签字，只是标明他是项目负责人。 （ ）

9.【判断题】施工依据栏填写国家标准名称编号。 （ ）

10.【判断题】质量验收规范在制表时就已填写好。 （ ）

11.【判断题】对定量的检查项目，根据规范要求的检查数量直接填写检查的数据。

（ ）

12.【判断题】定量项目中每个项目都必须有70%以上检测点的检测数据达到规范规定。 （ ）

13.【判断题】对符合验收规范规定的项目，填写"同意验收"，并由专业监理工程师签字。 （ ）

14.【判断题】分项工程通常起一个归纳整理的作用，是一个统计表，没有实质性的验收内容。 （ ）

15.【判断题】观感质量验收应以总监理工程师或建设单位项目技术负责人为主导共同确定质量评价。 （ ）

16.【判断题】勘察单位可只签认地基与基础分部（子分部）工程。 （ ）

17.【判断题】质量控制资料由施工单位和监理单位共同核查。 （ ）

18.【判断题】安全和主要使用功能资料由施工单位和监理单位共同核查。 （ ）

19.【判断题】各单位都同意单位工程验收时，各单位相关人员要亲自签字。 （ ）

20.【判断题】设计变更通知单由设计院发文，盖章确认后生效。 （ ）

21.【判断题】一张变更通知单涉及多图的，如果图纸不在同一卷册，应做多份原件附在有关卷册中。 （ ）

22.【单选题】检验批的容量是指该检验批（　　）的工程量。

A. 比值　　　　　　　　　　　　　B. 抽样

C. 全数　　　　　　　　　　　　　D. 所含

23.【单选题】定量项目其余20%，钢结构不能大于（　　）%。

A. 110　　　　　　　　　　　　　B. 120

C. 130　　　　　　　　　　　　　D. 150

24.【单选题】施工单位自行检查评定合格后，由（　　）根据执行标准填写检查结果。

A. 项目经理　　　　　　　　　　　B. 项目技术负责人

C. 专业施工员　　　　　　　　　　D. 项目专业质量员

25.【单选题】分项工程验收结论由（　　）填写。

A. 总监理工程师　　　　　　　　　B. 专业监理工程师

C. 总监理工程师代表　　　　　　　D. 监理工程师

26.【单选题】分部工程验收结论由（　　）填写。

A. 总监理工程师　　　　　　　　　B. 专业监理工程师

C. 总监理工程师代表　　　　　　　　D. 监理工程师

27.【单选题】观感验收结论由(　　)填写。

A. 总监理工程师　　　　　　　　　　B. 专业监理工程师

C. 总监理工程师代表　　　　　　　　D. 监理工程师

28.【单选题】单位工程验收结论由(　　)填写。

A. 总监理工程师　　　　　　　　　　B. 专业监理工程师

C. 总监理工程师代表　　　　　　　　D. 监理工程师

29.【多选题】分部(子分部)工程的质量验收应核查(　　)资料。

A. 检验批　　　　　　　　　　　　　B. 分项工程

C. 质量控制　　　　　　　　　　　　D. 安全及功能项目的检测

E. 观感质量的验收

30.【多选题】竣工图资料收集主要包括(　　)资料。

A. 技术核定单　　　　　　　　　　　B. 设计交底记录

C. 设计变更通知单　　　　　　　　　D. 变更洽商单

E. 图纸会审记录

31.【多选题】现场安全资料收集的内容主要包括(　　)。

A. 安全生产责任制　　　　　　　　　B. 绿色施工

C. 安全技术交底　　　　　　　　　　D. 特种作业持证上岗

E. 临时设施费管理

【答案】1.√；2.√；3.√；4.√；5.√；6.√；7.×；8.√；9.×；10.√；11.√；12.×；13.×；14.√；15.×；16.√；17.×；18.×；19.×；20.×；21.×；22. D；23. B；24. D；25. B；26. A；27. A；28. A；29. BCDE；30. ABC；31. ACDE

第十二章　施工资料的处理、存储、检索、传递、追溯、应用

考点 34：施工资料管理的基本环节●

教材点睛 教材 P232～P234

1. 施工资料管理的基本环节：包括计划、形成、收集、处理、存储、检索、传递、追溯、应用。

2. 资料的处理和存储

（1）资料的处理：是把建设各方得到的数据和信息进行鉴别、选择、核对、合并、排序、更新、计算、汇总、转储、生成不同形式的资料，提供给不同需求的各类管理人员使用。

（2）资料管理数据流程图主要由相应的软件来完成，对于用户主要是找到数据间的关系和数据流程图，决定处理的时间要求和选择必要的、适合的软件和数学模型来实现加工、整理和存储的过程。

3. 资料的检索和传递原则：需要的部门和使用人，有权在需要的第一时间，方便得到所需要的符合规定形式提供的一切资料，而保证不向不该知道的部门（人）提供任何资料。

4. 施工资料的追溯和应用

（1）施工资料的追溯：是指在施工管理活动中的每一道工序、每一个环节、每一次活动的信息来源和数据均可以有确定的出处，可以逆向查找到问题的源头。

（2）可追溯性施工资料的四个组成部分：组织和设计资料的可追溯性；执行可追溯性；验证可追溯性的有效性；建立文件和保持记录。

（3）文件和记录的作用：证据；内部的（公司内）和外部的（消费者和法律机构）；参考；有文件证明的可追溯性系统；培训教育；案例。

巩固练习

1.【判断题】工程资料的处理、存储是在资料收集后的必要过程。　　　（　　）

2.【判断题】资料的检索和传递是在通过对收集的资料进行分类加工处理后，及时提供给需要使用资料的部门。　　　（　　）

3.【判断题】文件和记录的作用可分为证据、参考、培训教育。　　　（　　）

4.【判断题】施工资料检索的存储阶段工作内容主要包括著录标引、组织检索工具、分类归档。　　　（　　）

5.【多选题】信息系统的流程图有（　　）流程图。

A. 业务   B. 工作

C. 工序   D. 数据

E. 数码

6.【多选题】资料传递设计时，应了解使用部门的(   )。

A. 使用目的   B. 使用周期

C. 使用频率   D. 使用范围

E. 数据来源

7.【多选题】资料检索设计时，应了解(   )。

A. 检索的范围   B. 检索的密级要求

C. 检索的密级划分   D. 密码的管理

E. 信息输出形式

8.【多选题】施工资料的追溯是指在施工管理活动中的(   )的来源和数据均可以有确定的出处。

A. 每一种工艺   B. 每一类材料

C. 每一道工序   D. 每一个环节

E. 每一次活动

9.【多选题】《建设工程文件归档规范》GB/T 50328—2014（2019年版）中规定，施工文件C2类"技术交底记录"分别由(   )各选择性保存一份。

A. 建设单位   B. 总承包单位

C. 施工单位   D. 监理单位

E. 建设监督单位

【答案】1.√；2.√；3.√；4.×；5. AD；6. ABC；7. ACDE；8. CDE；9. AC

第十三章　建设电子工程文件、信息安全管理

考点35：电子工程文件、信息安全管理

教材点睛　教材 P235～P239

1. 建设电子档案：指具有参考和利用价值并作为档案保存的建设电子文件及相应的支持软件、参数和其他相关数据。

2. 建设工程电子文件：是在工程建设过程中通过数字设备及环境生成的，以数码形式存储于磁带、磁盘或光盘等载体，依赖计算机等数字设备阅读、处理，并可在通信网络上传送的文件。

3. 建设工程文件档案的安全管理：涵盖了工程建设的全部过程，要经历收集与积累、整理、鉴定、归档、验收与移交等环节；所有环节中均应保持建设文件的真实性、完整性、有效性、安全性。

4. 保存管理措施：存储与备份，定期检查，备份管理，迁移后的数据完整性质量分析。

5. 安全保护措施

（1）对电子档案管理系统的网络安全、设备安全、系统安全、应用安全和数据安全等进行保护。

（2）制定运行维护、安全管理制度，设置安全管理岗位，落实计算机机房日常管理、系统运行安全等责任保障机制。

（3）电子档案存储媒体运行和保管的环境应符合现行国家标准的规定。

（4）电子档案保管单位应根据网络设施、系统主机和信息应用，采取身份鉴别、访问控制、资源控制、安全审计、边界完整性检查、入侵防范、恶意代码防范、剩余信息保护、通信完整性、通信保密性、抗抵赖、软件容错等保护信息安全的措施。

（5）电子档案保管单位应制定电子签名管理制度，加强对电子印章的管理。

6. 鉴定销毁应按国家关于档案鉴定销毁的有关规定和本单位档案归档范围及保管期限表执行。

7. 电子档案的利用：建立专门的电子档案利用数据库，与长期保存的电子档案数据库分离；脱机电子档案存储媒体和入库的电子档案存储媒体不得外借，利用时应使用复制件；未经批准，任何单位或人员不得擅自复制、修改、转送他人。

8. 建立信息安全管理制度和程序、信息保密制度

（1）信息安全包括信息安全的技术防范、信息的发布审核、信息的检查、信息安全责任制的落实。

（2）信息安全管理任务：建立信息安全管理制度和程序、建立信息保密制度；全面负责信息安全技术体系的建设；信息安全应急处置预案的制定，突发事件的报告和处理；相关信息管理设备的维护。

1.【判断题】建设工程电子档案的保存环境温度应保持在 15～25℃之间，相对湿度应保持在 35%～45%之间。　　　　　　　　　　　　　　　　　　　　（　　）

2.【判断题】建设电子档案一般 2 年须进行一次抽样机读检验。　　　　（　　）

3.【判断题】信息必须来自指定的机构。　　　　　　　　　　　　　　（　　）

4.【判断题】发布信息时，部门必须登记，方可发布。　　　　　　　　（　　）

5.【判断题】秘密载体失效时应及时予以销毁。　　　　　　　　　　　（　　）

6.【判断题】除新闻媒体已公开发表的信息外，各单位提供的上网信息应确保不涉及其他单位的秘密。　　　　　　　　　　　　　　　　　　　　　　　　（　　）

7.【多选题】建设工程文件档案的安全管理应保持建设文件的（　　）。

A. 真实性　　　　　　　　　　　　　　B. 及时性

C. 完整性　　　　　　　　　　　　　　D. 有效性

E. 安全性

8.【多选题】建筑工程资料宜优先采用计算机管理，使其（　　）。

A. 管理规范化　　　　　　　　　　　　B. 标准化

C. 程序化　　　　　　　　　　　　　　D. 模式化

E. 电子信息化

9.【多选题】信息安全主要包括（　　）环节。

A. 组织　　　　　　　　　　　　　　　B. 技术

C. 管理　　　　　　　　　　　　　　　D. 保存

E. 加密

10.【多选题】涉密载体的销毁范围包括（　　）。

A. 日常工作中不再使用的涉密文件　　　B. 涉密活动清退的文件

C. 已经解密应公开的文件　　　　　　　D. 淘汰的办公设备

E. 报废的办公设备

【答案】1. ×；2. ×；3. √；4. ×；5. ×；6. ×；7. ACDE；8. ABE；9. BC；10. ABDE

第十四章　建立项目施工资料计算机辅助管理平台

考点 36：项目施工资料计算机辅助管理平台的建立

> **教材点睛** 教材 P240～P242
>
> **1. 建立硬件平台**
> （1）硬件平台的主要构成：包括计算机、项目部局域网搭建及其他硬件设置。
> （2）配置要求：计算机的选型上要考虑到采购成本等因素，以"适用为主、够用为度"的原则；项目部局域网搭建以 100M 交换为核心；合理选择需要的外部设备，如打印机、扫描仪等。
> **2. 建立软件平台**：主要包括计算机操作系统、杀毒软件、办公软件、绘图软件、项目管理软件（包括工程资料管理软件）等。
> **3. 局域网设置**：包括设置计算机名称和工作组，设置 TCP/IP 协议。

巩固练习

1.【判断题】任何一项工程如果技术资料不符合标准规定，则可判定该工程不合格，对工程质量具有否决权。　　　　　　　　　　　　　　　　　　　　　　　（　　）

2.【判断题】施工企业都是依据各级建设行政主管部门上报资料的格式要求选择软件产品。　　　　　　　　　　　　　　　　　　　　　　　　　　　　　　　　（　　）

3.【单选题】搭建局域网络通常以（　　）M 交换为核心。
A. 80　　　　　　　　　　　　　　　　　　　　B. 90
C. 110　　　　　　　　　　　　　　　　　　　　D. 100

4.【单选题】将项目部（　　）设为相同，可以使用默认的 WORKGROUP 设置。
A. 工作群　　　　　　　　　　　　　　　　　　B. 工作单元
C. 工作组　　　　　　　　　　　　　　　　　　D. 工作核心

5.【单选题】（　　）协议是 Internet 信息交换规则、规范的集合。
A. TUP/IP　　　　　　　　　　　　　　　　　　B. TUP/CP
C. TCP/CP　　　　　　　　　　　　　　　　　　D. TCP/IP

6.【多选题】用信息化的手段实现施工资料管理的（　　）。
A. 规范化　　　　　　　　　　　　　　　　　　B. 标准化
C. 信息化　　　　　　　　　　　　　　　　　　D. 便捷化
E. 协同化

7.【多选题】工程资料管理软件平台主要包括（　　）。
A. 计算机操作系统　　　　　　　　　　　　　　B. 杀毒软件

C. 办公软件   D. 绘图软件
E. 财务软件

【答案】1. ✓；2. ✓；3. D；4. C；5. D；6. AB；7. ABCD

第十五章 应用专业软件进行施工资料的处理

考点 37：施工资料管理软件的应用●

教材点睛 教材 P243～P246

1. PKPM 建筑工程资料管理软件操作方法【详见 P243～P245】。

2. 应用专业软件处理施工资料常见问题及处理方法

常见问题	处理方法
（1）软件运行速度较慢，或运行中死机	软件不能安装在 C 盘
（2）在进入软件后，部分软件功能打不开，软件变为学习版	检查软件锁是否插好
（3）使用软件时，开始都很正常，突然软件能编辑但不能保存	检查软件锁是否插好
（4）最新的资料软件安装完成后，软件没有显示资料库、技术交底、安全交底等	要安装在与资料软件同一目录
（5）打印表格时部分单元格出现灰色背景，不符合规范要求	打印设置时没有选择"单色打印"
（6）打印表格时发现表头没有打印出来，或者下部签字栏处没有打印出来	进行"页面设置"的"页边距"调整
（7）如何调整文字的大小及对齐方式	可以利用单元格的设置单元格格式、设置字体与字号，调整文字的大小；可以调整字体的对齐方式
（8）如何填写检验批中烦琐的允许偏差值	本系统是一个开放性的系统，用户可以在表格右键菜单中单击"设置评定标准窗口"，在出现的标准设置中设置企业标准和国家标准，然后在相应的表格中点右键"填充"选择"随机数"选择标准，填写即可

巩固练习

1.【判断题】使用软件时，开始都很正常，突然软件能编辑但不能保存，应该看软件锁是否插好。 （   ）

2.【判断题】最新的资料软件安装完成后，软件没有显示资料库、技术交底、安全交底等，应该看软件锁是否插好。 （   ）

3.【判断题】打印表格时发现表头没有打印出来，或者下部签字栏处没有打印出来，应该进行"页面设置"的"页边距"调整。 （   ）

4.【单选题】PKPM 软件安装以手动方式运行光盘目录下的(   )应用程序。

A. CMIS. exe

B. CMLS. com

C. CNIS. exe

D. CMIS. com

5.【单选题】PKPM 软件安装结束后,用户需要(   )才能保证软件的正常运行。

A. 第二次安装

B. 重新启动计算机

C. 等候 10min

D. 在第二天开机

6.【多选题】填写检验批中允许偏差值的步骤包括(   )。

A. 退出软件

B. 在表格右键菜单中单击"设置评定标准窗口"

C. 选择"随机数"选择标准

D. 设置企业标准和国家标准

E. 在相应的表格中点右键"填充"

【答案】1. √;2. ×;3. √;4. A;5. B;6. BCDE

第十六章　建筑工程资料管理专业技能案例

考点 38：完成从编制计划、资料交底到完整的资料目录的编制的全过程工作